Uwe Hauck

Digilog

Uwe Hauck

Digilog
Ein-Blick in die Zukunft unserer Gesellschaft

Bloggingbooks

Impressum / Imprint
Bibliografische Information der Deutschen Nationalbibliothek: Die Deutsche Nationalbibliothek verzeichnet diese Publikation in der Deutschen Nationalbibliografie; detaillierte bibliografische Daten sind im Internet über http://dnb.d-nb.de abrufbar.
Alle in diesem Buch genannten Marken und Produktnamen unterliegen warenzeichen-, marken- oder patentrechtlichem Schutz bzw. sind Warenzeichen oder eingetragene Warenzeichen der jeweiligen Inhaber. Die Wiedergabe von Marken, Produktnamen, Gebrauchsnamen, Handelsnamen, Warenbezeichnungen u.s.w. in diesem Werk berechtigt auch ohne besondere Kennzeichnung nicht zu der Annahme, dass solche Namen im Sinne der Warenzeichen- und Markenschutzgesetzgebung als frei zu betrachten wären und daher von jedermann benutzt werden dürften.

Bibliographic information published by the Deutsche Nationalbibliothek: The Deutsche Nationalbibliothek lists this publication in the Deutsche Nationalbibliografie; detailed bibliographic data are available in the Internet at http://dnb.d-nb.de.
Any brand names and product names mentioned in this book are subject to trademark, brand or patent protection and are trademarks or registered trademarks of their respective holders. The use of brand names, product names, common names, trade names, product descriptions etc. even without a particular marking in this works is in no way to be construed to mean that such names may be regarded as unrestricted in respect of trademark and brand protection legislation and could thus be used by anyone.

Coverbild / Cover image: www.ingimage.com

Verlag / Publisher:
Bloggingbooks
ist ein Imprint der / is a trademark of
OmniScriptum GmbH & Co. KG
Heinrich-Böcking-Str. 6-8, 66121 Saarbrücken, Deutschland / Germany
Email: info@bloggingbooks.de

Herstellung: siehe letzte Seite /
Printed at: see last page
ISBN: 978-3-8417-7197-1

Copyright © 2013 OmniScriptum GmbH & Co. KG
Alle Rechte vorbehalten. / All rights reserved. Saarbrücken 2013

Inhaltsverzeichnis

Vorwort 3
Warum die Trennung zwischen virtuell und real so nicht mehr haltbar ist 8
Social Media als Innovationsmotor 9
Das Internet als Grundrecht.... In der Stadt? 13
Wer das liest, ist kein digitaler Außenseiter 16
Social Media handeln nicht von Technik sondern von Umgangsformen 19
Web 2.0 Ignoranten werden es schwer haben 21
Der neue Einkaufsberater, das Web und die Cloud/Crowd 23
Die Politik und der Kontrollverlust 25
Warum der Blogger ein Angstgegner ist 25
Zukunftsverweigerer 2.0 28
Die Alten glotzen, aber schimpfen über die Jungen. Fernsehkonsum und Altersstruktur 36
Mobilfunk erzeugt keinen Krebs, oder doch, oder nicht? 38
Mein Tablet bleibt daheim. Mein Umfeld ist noch nicht so weit ;) 40
Der nächste Megatrend? Offline und dennoch Online? 41
Technologie sollte dem Menschen dienen 44
Privat oder Beruflich: Die Grenzen verschwimmen 46
Die Zukunft der Arbeit. Alles Job? 47
Wenn der Körper den Geist stoppt: Burn Out, Trendthema? 51
Der Arbeitgeber darf die Handynutzung am Arbeitsplatz verbieten. Aber sollte er das überhaupt? 56
Jobsuche im Internet und Arbeit der Zukunft. 58
Open Source Arbeit der Zukunft 60
Warum die Arbeitsmarktdiskussion am Problem vorbei geht 63
Die Inflation der Experten und die Intelligenz der Masse 65
Das Bild vom Wissenschaftler und warum wir normale Menschen sind 68
Unternehmen und Social Media. Ein paar persönliche Thesen 71
Das Netz macht Unternehmen ehrlicher oder lässt sie verschwinden. 74
Warum Kontrolle krank macht und unsere Kultur eine (noch?) kranke ist 77
Hurra ich kauf mir was.... Das kein Mensch braucht 78
Web 2.0 und das Ende des Überwachungswahns der Arbeitgeber 81
IBM startet ‚Serious Social Game'. Darf denn Arbeit Spass machen? Ich sage, sie muss! 85
Der Januskopf der Arbeitswelt. Geschäftssmartphones im Urlaub und Verbot des privaten im Beruf 86

Das neue Arbeitszeitmodell? Urlaub ohne Ende? Im Gegenteil.. 88
Überstunden sind keine Auszeichnung, sondern da hat jemand versagt 92
Das Experiment ‚Offline im Urlaub' ist gescheitert. Und ich bin gar nicht traurig. 96
Meine Zeit ist mir zu wichtig: Von Zeitdieben und dem Wert der Zeit 98
Wir werden immer schneller. Warum eigentlich? 100
Daheim an jedem Ort der Welt. Die Chancen von Location Based Services 103
Epilog 106

Vorwort

Ich bin kein Digital Native nach der landläufigen Definition. Geboren im Jahr 1967 kam ich mit 15 Jahren im Gymnasium meines Heimatortes zum ersten Mal und eher durch Zufall in Kontakt mit dem Medium, das ab dann mein weiteres Leben beeinflussen sollte und schließlich unter anderem auch in dieses Buch münden würde. In der freiwilligen Informatik AG lernte ich den TRS 80 kennen und die Programmiersprache Basic. Ein Freund hatte mich gebeten, mit ihm den Kurs zu besuchen. Konnte ich ahnen, dass diese Bitte meine Zukunft so sehr verändern würde. Vom TRS-80 wechselte ich zum VC-20 von Commodore, veröffentlichte erste Programme in Computerzeitungen (damals war Software noch ein seltenes Gut und man war durchaus bereit, mehrere Seiten Code aus einer Zeitung abzutippen, nur um ein Spiel für seinen Computer zu bekommen) und schließlich mündete das Ganze in einem Studium der Computerlinguistik und Künstlichen Intelligenz in Osnabrück.

Dort sammelten meine Studienkollegen und ich auch erste Erfahrungen mit Webservern, als 1990/1991 die ersten Apache Webserver und Mozilla Browser verfügbar waren. Und schon zu der Zeit faszinierte mich ein besonderer Aspekt der neu entstehenden Webtechnologien. Die Möglichkeit, auf sehr einfachem Wege Informationen und Gedanken mit anderen Menschen auszutauschen.

Das ist auch das Grundmotiv, das mich veranlasste, mit meinem Blog „Living the Future" zu beginnen, in dem ich mich damit auseinandersetze, welche Auswirkungen positiver wie negativer Art die immer weitere Verbreitung von Social Media und die Tendenz zur Digitalisierung in unserem privaten wie beruflichen Umfeld hat. Dabei möchte ich im Folgenden vor allem zwei Punkte herausarbeiten. Zum einen, das wir ob es uns nun gefällt oder nicht, in einer digitalen und digitalisierten Welt leben, und diesen Status Quo auch nicht mehr so einfach zurückschrauben können. Zum anderen, dass wir seit der zunehmenden Digitalisierung und Mobilisierung digitaler Technologien, sei es nun durch Smartphone, Tablet oder Notebook sowohl im Privaten als auch im Beruflichen immer ortsunabhängiger werden. Es spielt keine Rolle mehr, wo ich mich befinde, im digitalen Teil der Welt bin ich immer bei denen, die mir wichtig sind. Welche Auswirkungen positiver wie negativer Art das hat und noch haben wird, davon handelt das folgende Buch.

Doch zuvor mal ein kurzer Blick darauf, wie ich "Living the Future" für mich persönlich und meine Familie realisiert habe.

Es beginnt im Kleinen. ca. 90 % unserer Beleuchtung basiert mittlerweile auf LEDs. Und ja, es gibt LEDs, die bereits einen Schreibtisch ausleuchten können.

Wir nutzen Induktion fürs Kochen, da diese nur Strom verbraucht, wenn auch wirklich erhitzt werden muss und die Geschwindigkeit, mit der eine Speise warm/heiß wird unglaublich schnell ist (tatsächlich verbrannte uns zu Beginn einiges, weil wir nicht mit diesem enormen Effekt gerechnet hatten.)

Ich betreibe eine eigene kleine Wetterstation mit Anbindung ans Internet, die mir per Email die aktuelle Wetterprognose liefert und sie gleichzeitig an drei Wetterdienste und auf unsere Homepage stellt.

Unsere Einfahrt wird mit einer WLAN Webcam überwacht, und wenn wir mal nicht da sind, und jemand betritt die Einfahrt, werde ich auf mein Smartphone via Email informiert und es werden mir zwei Bilder zugesandt, die Kamera kann ich natürlich via Internet über mein Smartphone steuern.

All unsere Geräte im Haus sind via WLAN vernetzt, so dass jeder unserer Rechner auf den Drucker und das Mediacenter zugreifen kann. Ebenso kann dies der TFT Fernseher, der gleichzeitig via WLAN auch Zugang zum Internet hat und so auch Twitter und PutPat darstellen kann. All unsere Geräte laufen, sofern sie mobil sind mit Akkus, die via Solar aufgeladen werden, wir verbrauchen keine herkömmlichen Batterien. Ich bin via Twitter, Facebook und Location based Services immer auf dem Laufenden und kann, wenn ich es selbst will, jedem mitteilen, wo man mich erreichen kann oder mit einer Berührung des Smartphones komplett unerreichbar sein (ja, auch das ist wichtig).Bis auf den "Spielcomputer" laufen all unsere Rechner unter Linux, was bei dem Rechner meines Sohnes den großen Vorteil hat, dass ich mir keine Gedanken über Viren oder Trojaner machen muss.

Ich selbst arbeite weitestgehend digital, mache auch im Beruf meine Notizen, so es mir die irritierten Blicke der Kollegen erlauben nicht mehr mit Papier und Bleistift sondern mit Smartphone, Netbook oder Tablet. Unsere Rechner und all die wichtigen Daten wie auch unsere Bilder und Musik sind digital gespeichert und in der Cloud als Backup verfügbar, auf das ich von jedem Platz der Erde zugreifen kann und sollte einer unserer Rechner ausfallen, sind alle Daten noch vorhanden in der Cloud.

Und das erstaunliche an all dem (mal die Solaranlage auf dem Dach ganz verschweigend) wir verbrauchen Jahr für Jahr WENIGER Strom, weil ich bei all diesen Devices auch stets auf höchste Energieeffizienz achte. Und über die ganzen Techniken halten mich diverse Webdienste automatisch auf dem Laufenden in dem sie mir z.B.: jeden Morgen eine frisch erstellte Tageszeitung als PDF generieren, bzw. mir die neuesten Informationen als einen Stream auf allen verfügbaren Medien bereitstellen können. So brauche ich pro Tag max. 15-20 Minuten um über die neuesten Entwicklungen auf dem Laufenden zu sein. Und jetzt warte ich auf weitere Ideen, wie die Zukunft noch besser gelebt werden kann. Einfach zu leben heißt nicht zwangsweise auf Technik zu verzichten sondern vielmehr, neue Technologien wo sinnvoll so vernünftig einzusetzen, dass sie das Leben erleichtern. Woher ich die Zeit dafür nehme? Die brauch ich gar nicht; ein Gerät, für dessen Funktionieren ich Zeit aufwenden muss, ist per se schon falsch entworfen worden. Viele Menschen tendieren dazu, sich mehr Gedanken um das Medium als die Nachricht zu machen. Oder wie sonst lassen sich Ablehnung von EBook Readern oder Smartphones erklären? Lese ich einen anderen Text, wenn ich ihn auf dem Ebook Reader lese? Macht das Papier eine schlechte Geschichte besser? Nein. Aber man ist das halt so gewöhnt und der Mensch scheint in der großen Mehrheit ein Gewohnheitstier zu sein. Das ist aber mit dem schnellen Wandel der Gegenwart nicht mehr vereinbar. Man muss den Wandel nicht mitmachen, aber zumindest sollte man sich nicht mit Gewalt gegen Entwicklungen stemmen, nur weil sie etwas Neues ins eigene Leben bringen.

Im Folgenden habe ich die mir wichtigsten Artikel der letzten Zeit aus meinem Blog versammelt, neu strukturiert und den Versuch unternommen, einen Einblick in meine Sicht der nahen und etwas ferneren Zukunft im Privaten wie im Beruflichen zu geben. Dabei ist jeder Artikel stets eine ganz persönliche Sicht der Dinge, die ich aber so weit möglich versucht habe, mit Beispielen und Referenzen aus der Realität zu untermauern.

Mein besonderer Dank an meine Kinder Jan, Katja und Marc und meine Frau Sibylle, die sich mit der Zeit an den „Papa am Schreibtisch" gewöhnt haben und immer sehr viel Geduld bewiesen. Auch meiner Autorenbetreuerin, Frau Valentina Rudenco ein besonderer Dank für beharrliches Nachfragen und die Geduld mit mir. Ebenso Stefan Pfeiffer, der vom Twitter Follower zum Freund erwachsen ist, sowie allen Twitterinnen und Twitterern, deren Feedback und Beiträge oft zu angeregten Diskussionen führten.

Mit freundlichen Grüßen

Uwe Hauck

Schwäbisch Hall im November 2013

Warum die Trennung zwischen virtuell und real so nicht mehr haltbar ist

Viele Diskussionen im Bereich Social Media, Digitalisierung und „Niedergang der Kultur" basieren auf der künstlichen Unterscheidung zwischen der „realen Welt" und der „virtuellen". Für mich und erst recht für die heranwachsende Generation der in der Öffentlichkeit oft „Digital Natives" Genannten ist diese Unterscheidung ebenso künstlich wie die zwischen Arbeit und Privat. Wir alle leben ein Leben, das sowohl aus virtuellen Kontakten, sei es über Telefon, Brief oder eben Internet als auch realen Kontakten besteht. Das virtuelle ist ebenso Bestandteil des Lebens wie das Reale. Ich wage sogar zu behaupten, jedes gelesene Buch ist einerseits virtuell, weil es eine Geschichte erzählt, die man möglicherweise real nie selbst hätte erleben können, aber ebenso real, weil sie im Laufe der Zeit als Teil der eigenen Biographie ins Gedächtnis gebrannt ist, weil das Gehirn zwischen einer guten Geschichte und etwa real erlebtem, wenn die Geschichte denn realistisch genug ist nicht mehr vollständig unterscheiden kann.

Social Media als Innovationsmotor

Laut einer Studie vom Zentrum für Europäische Wirtschaftsförderung (FEW) [1] sind Social Software Nutzer innovativer. Das wundert mich nun nicht wirklich, denn wenn ich an all die Bedenkenträger denke, die immer mit demselben Spruch "Das ist nur Spielerei, das braucht kein Mensch" kommen und wenn ich denen geglaubt hätte, dann würde heute immer noch kaum jemand einen Computer nutzen, kaum jemand ein Handy besitzen, kaum jemand ins Internet via Mobiltelefon oder UMTS Stick gehen. Es wären keine Smartphones verkauft worden und Netbooks gäbe es ebenso wenig wie EBook Reader (über meinen eigenen sagen die meisten aus meinem Umfeld wiederum, für was brauchst du diese Spielerei). Innovation hat auch immer etwas mit Offenheit, mit Neugierde zu tun, und wenn man es nicht einmal wagt, sich auf etwas Neues einzulassen, dann braucht man auch nicht zu erwarten, dass Innovation gefördert wird.

Ich bin lieber innovativ und versuche neues, auch wenn vielleicht manches doch nicht sinnvoll ist, ist das immer noch besser, als generell neue Techniken und Denkmuster abzulehnen.

Und wer das alte, ziemlich einfältig Argument anführt, Soziale Netzwerke würden Arbeitnehmer von der Arbeit ablenken, der sollte sich vielleicht mal überlegen, wie viele unnötige Meetings, Emails, telefonische Störungen in Unternehmen anfallen, über die sich niemand beschwert. Ganz zu schweigen von bürokratischen Verwaltungsapparaten, die mehr Folien als Inhalt produzieren. Es sollte nicht auf die Zeit ankommen, die ein Mitarbeiter mit einer Aufgabe verbringt, sondern auf das Ergebnis. Denn letztlich wird in Zukunft die Trennung zwischen Privat und Beruf immer mehr aufweichen. Und seit es das mobile Internet gibt, müsste man den Mitarbeitern schon jedes Telefon verbieten und mal ganz ehrlich, dann wäre die Motivation in diesem Unternehmen zu arbeiten doch sicherlich nicht mehr

---
1 http://www.zew.de/publikation5542

sonderlich hoch.... (um nicht zu sagen, unter null).Es wäre an der Zeit, den Mitarbeitern wieder etwas mehr Vertrauen entgegenzubringen. Wer Arbeit meidet, meidet sie auch ohne Internet, und wer arbeiten will, tut das auch mit Internet.

Es gilt wieder mal das alte Sprichwort aus China "Es gibt Menschen, die Fische fangen und solche, die nur das Wasser trüben...."

Die aktuelle Ausgabe der Wochenzeitung "Die Zeit" titelt: Bloß nicht sitzen bleiben[2], und meint damit ein Experiment einer schwäbischen Firma, in der im Kreativbereich die Mitarbeiter keine festen Arbeitsplätze mehr haben, sondern lediglich einen Rollboy, und sich den Arbeitsplatz aussuchen, der gerade frei ist und ihren Arbeitserfordernissen am ehesten genügt. Parallel titelt die Computerwoche: Mitarbeitersuche nicht am Puls der Zeit[3]. Schöne Träume, mochte man fast ausrufen, aber die Realität sieht doch anders aus. Da kommt mir doch gleich ein "Ja, aber" über die Lippen. Wenn ich mir ansehe, wie viele Menschen mittlerweile im Dienstleistungssektor arbeiten, wie oft die Tätigkeiten in einem Büro an einem Schreibtisch stattfinden, dann drängt sich mir schon die Frage auf. Muss das alles immer verbunden sein mit einer festen Arbeitszeit und einem festen Arbeitsort? Im privaten sind wir doch längst, dank Smartphone und Computer mobiler denn je. Ich bin, wenn ich das will jederzeit und überall mit dem Internet verbunden, ich kann meine Kontakte online pflegen.

Und ganz ehrlich, gerade ich als Softwareentwickler bin dank Notebook und mobilem Internet eigentlich nicht mehr an einen bestimmten Ort gebunden, um Software zu entwickeln. Natürlich wird so etwas nicht schnell geschehen und wir werden uns neue gesellschaftliche Regeln definieren müssen, um nicht ständig nur noch für die Arbeit zu leben. Aber ich finde, eine Verschmelzung von Privat und Beruf kann auch vorteilhaft sein. Ich kann arbeiten, wann ich Zeit dafür habe,

---

2 http://www.zeit.de/2010/10/C-Zukunft-der-Arbeit
3 http://www.computerwoche.de/karriere/karriere-gehalt/1931201/

wichtiger wird letztlich das Ergebnis sein. Hierarchien werden weniger wichtig werden, wenn mein "Chef" mich nicht mehr im Büro sieht, sondern die Arbeitsergebnisse als das, was meine Arbeit ausmacht.

Und wir werden, wenn wir es richtig machen, auch wieder mehr Zeit für Privates haben? Wie ich darauf komme? Nun, wenn ich selbstbestimmter arbeiten kann, kann ich auch selbstbestimmter meine Freizeit planen. Natürlich braucht es dazu die Disziplin, Nein zu sagen, wenn zu viele Arbeitsanforderungen kommen. Aber das hat nichts mit der geregelten oder ungeregelten, der gleitenden oder der Vertrauensarbeitszeit zu tun. Das ist eine Frage der Selbstdisziplin.

Ich bin immer noch der Meinung: Wer behauptet, er trenne klar zwischen Beruf und Privatleben, der hat eines noch nicht erkannt: Ich bin nur eine Person, ich kann nicht in der Freizeit meinen Beruf komplett verdrängen und eben so wenig im Beruf nur noch funktionierender Arbeitnehmer sein. Neue Arbeitsmodelle sind gefragt. Und vielleicht bringen neue Modelle auch die von so vielen erwartete Entschleunigung.

Wir dürfen uns neuen Arbeitskonzepten nicht verschließen, wir sollten uns aktiv beteiligen. Damit auch die Ideen der Arbeitnehmer einfließen und wir letztlich alle zufriedener im Beruf und im Privatleben sind.

Und auf DRadioWissen: Jobsuche im Internet [4]. Eine Sache, die älter ist, als mancher glaubt. Ich habe schon meinen ersten "richtigen" Job nach Studium und Forschungsstipendium anno 1996 via der damaligen Plattform jobpilot.de gefunden. Und auch für meinen aktuellen Arbeitgeber bin ich ins Netz um nach einer spannenden Stelle zu suchen.

Was mich viel mehr beschäftigt. Während die meisten noch über die sozialen Netzwerke schimpfen und vor schnüffelnden Chefs warnen, die nach den sozialen Aktivitäten ihrer Mitarbeiter suchen, prognostiziere ich für die nahe Zukunft einen

---

4 http://www.zeit.de/karriere/bewerbung/2010-04/jobsuche-internet

ganz anderen Aspekt. Wer nicht mehr im Netz gefunden wird, der ist als Arbeitnehmer bald nicht mehr attraktiv und präsent. Denn es werden sich bald auch die Arbeitgeber deutlich mehr in den entsprechenden Portalen umtun. Xing wird an Bedeutung gewinnen, genauso wie Plattformen wie Facebook. Und da ist für mich weniger der Schnüffelaspekt wichtig als die Möglichkeit, bei weitem direkter nach potentiellen Kandidaten mit genau den passenden Skills zu suchen. In einer Arbeitswelt, die von immer größerem Fachkräftemangel geprägt sein wird, könnte das der Weg sein, auch gezielt Arbeitskräfte abzuwerben. Es wird also auch für die Arbeitgeber immer wichtiger, für die zukünftigen Arbeitnehmer, und das sind meist Digital Natives, attraktiv zu sein und zu bleiben. Und das bedingt zwangsläufig, dass sich die Unternehmen mit ihrem Auftritt in sozialen Netzwerken auseinandersetzen müssen und vor allem auch überdenken, was sie ihren Mitarbeitern erlauben. In einer Welt, in der jedes Smartphone und jeder Netbook always on sein kann, wird der Internetzugang der Firma immer irrelevanter. Da kann dann gesperrt sein, so viel will, die Digital Natives gehen längst auf anderen Wegen online. Meiner festen Überzeugung nach müssen auch die Arbeitgeber ihre Einstellung zur "Arbeit" überdenken. Bezahlung nach dem Zeitprinzip 8 Stunden da, Gehalt für 8 Stunden wird bald abgelöst werden von einer Bezahlung, die den Fokus auf den Skill des Mitarbeiters und die Arbeitsergebnisse legt. Und spätestens dann wird es auch irrelevant, wo ich arbeite.

Es gibt ihn, den Digital Divide, die Trennung zwischen denen, die Online sind, ob nun bewusst und freiwillig oder aus beruflichen Gründen und denen, die offline sind. Gründe dafür gibt es verschiedene, auf einige davon möchte ich im Folgenden eingehen, denn neben persönlichen Ressentiments gegen die Technologie liegt es oft auch an geographischen oder politisch-sozialen Gründen, dass nicht alle in gleichem Maße an der digitalen Revolution teilhaben können.

Das Internet als Grundrecht.... In der Stadt?

Vor kurzem ergab eine Umfrage von BBC World von 27.000 Erwachsenen in 26 verschiedenen Ländern, dass vier von fünf Menschen das Internet und den Zugang dazu als Grundrecht ansehen. Nun, das mag ja in der Stadt so sein, auf dem Land ist das aber aus zwei Gesichtspunkten heraus noch lange nicht so.

Zum einen ist auf dem Land das Internet für viele immer noch eine Spielwiese, etwas, das zwar als Medium existiert, aber nicht als wichtig wahrgenommen wird. Emails werden nicht beantwortet, Homepages von Vereinen und Organisationen dümpeln eher vor sich hin als dass sie aktiv genutzt werden und auch die lokale Presse befasst sich immer noch lieber mit dem Zustand von Feldwegen und Waldgebieten als mit der Frage nach dem schnellen Internetzugang für alle Bürger.

Die ländliche Diaspora lässt sich immer mehr abhängen und verkennt dabei, dass das Internet für viele Firmen und auch Privatmenschen zu einem wichtigen Bestandteil ihres Lebens geworden ist. So droht noch auf einem zweiten Wege eine Überalterung in den ländlichen Gebieten. Denn für immer mehr junge Familien und Digital Natives ist der Breitbandanschluss ein wichtiger Faktor bei der Suche nach einem Wohnort und noch viel mehr nach einem Baugebiet. Baugebiete, die keinen Breitbandanschluss anbieten, werden sehr schnell merken, dass die Grundstücke sich nur sehr schlecht verkaufen lassen.

Nachdem jahrelang die Ansiedlung von Einkaufszentren und Discountern das Stadtbild prägte und eine entscheidende Standortfrage war, lautet heute immer öfter die wichtigste Frage bei der Suche nach einem Wohnort: "Haben sie auch schnelles DSL?" Es wird Zeit, dass auch auf dem Lande begriffen wird, dass man das Internet zwar nicht gut finden, oder auch für überflüssig halten kann, es aber für Aspekte wie Ansiedlung und als Wirtschaftsfaktor nicht mehr wegzudiskutieren ist.

Und eine weitere Diskussion, nämlich die über den Kulturverfall durch das E-Book halte ich für ebenso künstlich.

Die neue Studie des Instituts für Freizeit und Tourismus[5] in Österreich hat den Stellenwert von Computer und Buch untersucht. Ich werde jetzt hier nicht die Studie beurteilen, da gilt für mich, was ich zu allen Studien sage: Selber lesen, eigene Meinung bilden.

Ich möchte hier nur mal dazu anregen, endlich mit diesem dauernden Kulturpessimismus aufzuhören und sich darüber klar zu werden, dass jeder für sich selbst entscheiden kann und muss, was für ihn wichtig ist. Nur weil der Computer scheinbar häufiger benutzt wird als das Buch, heißt das noch lange nicht, dass unsere Kultur vor die Hunde geht. Viel wird im Netz geschrieben, ich wage gar zu behaupten, dass die heutige Jugend wieder mehr und ausführlich schreibt, als die Generation, die nur mit SMS und Comics aufgewachsen ist. Es gibt wieder Autoren, die die Jugend zum Buch bringen. Mag man über Harry Potter, Tintenherz oder Eragon denken wie man will. Fakt ist, dass eine ganz neue "Lesegeneration" heranwächst, die wieder das Buch als Medium entdeckt. Und die E-Book Reader mögen ja manchen Verlagen Kopfzerbrechen bereiten, mögen manche Intellektuelle der Haptik oder dem Geruch des "echten Buches" nachweinen lassen. Ganz ehrlich, ob ich nun einen guten Roman als Papierbuch oder als E-Book lese. Wenn der Roman gut ist, vergesse ich das nach den ersten Seiten und tauche in die Welt des Autors ein. Und wenn ich Bücher ebenso einfach erwerben kann wie Musik, in dem ich einfach online einkaufe, wage ich zu behaupten, dass dadurch das Lesen eher gefördert denn geschwächt wird. Wir diskutieren meiner Ansicht nach weniger über einen Verlust an Lesern, denn über einen Verlust an Kontrolle über das Medium Buch. Denn entweder, alle Bücher werden mit DRM Systemen geschützt, dann droht ein ähnliches Fiasko wie bei

---

[5] http://www.freizeitforschung.at/data/forschungsarchiv/2010/FT_ComputerundBuch.pdf

den CDs. Oder es wird auch hier ein offenes System bevorzugt und darauf vertraut, dass gute Autoren auch als E-Book gekauft werden. Und da geht meiner Ansicht nach der Trend hin. Ich habe bereits einige E-Books auf meinem Reader, und ja, auch einige gekaufte: Schätzing, Herta Müller, Dan Brown. Es ist eine ethisch moralische Frage, ob ich für ein Kulturgut bezahle, weniger eine des "Materialwerts".

Eine abschließende Anmerkung zur Studie: Wie sehr richtig bemerkt wird, geht es hier weniger um ein Entweder-oder, sondern um ein Sowohl-als-auch. Aber das sollte uns allen bekannt vorkommen. Ich sage nur Kino versus Fernsehen, Fernsehen versus Internet.....

Die ganze Diskussion sei es um Websperren, Datenschutz oder Vorratsdatenspeicherung erweckt bei mir immer mehr den Eindruck, dass das eigentlich dahinterliegende Thema das der Angst ist. Ja, ich glaube, die Politik als bislang herrschende Kaste bekommt ebenso wie die Managementeliten langsam Angst vor der Macht des Netzes. Denn plötzlich existiert da ein Medium, in dem sich Informationen abseits von Leitmedien verbreiten. In dem offen diskutiert wird. Wo sich plötzlich ganze Bevölkerungsgruppen, und längst nicht mehr nur die Nerds und Geeks versammeln, austauschen und organisieren. Zunächst die Zensursula Petition, dann die Vorratsdatenspeicherungsverfassungsbeschwerde, dann die Beschwerde gegen Elena. freut mich als Netizen und Digital Native h.c. und es zeigt mir, dass das Netz auch einen sehr demokratischen und wichtigen gesellschaftlichen Aspekt hat. Die Macht verlagert sich wieder mehr von wenigen Politikern, die mehr an Machterhalt und Status Quo interessiert sind hin zur gesamten Bevölkerung. Denn mit den Digital Natives wird es auch für immer mehr "Normalbürger" selbstverständlich werden, sich im Netz zu Wort zu melden und aktiv zu werden.

Wer das liest, ist kein digitaler Außenseiter

Eine Studie der Initiative D21 [6] (Eine Initiative, die ich jetzt besser nicht kommentiere) will herausgefunden haben, dass mit knapp 35 Prozent digitalen Außenseitern und 30 Prozent Gelegenheitsnutzern, die Mehrheit der Deutschen nicht wirklich an der neuen digitalen Welt teilhat. Das wundert mich nun nicht wirklich.

Denn man muss leider der deutschen Gesellschaft immer noch in hohem Masse Technophobie bescheinigen, eine Ablehnung allem gegenüber, was technisch gelöst wird. Das beginnt damit, dass ich z.B. in meinem Umfeld immer noch sehr viele Menschen kenne, die ihre Termine nicht elektronisch verwalten. Auch haben immer noch einige meiner Bekannten kein Mobiltelefon und wenn, dann nur als Notfallinstrument.

Und wenn ich Sprüche höre wie, na? Hast du wieder ein neues Spielzeug? Kann ich eigentlich nur den Kopf schütteln. Ja, hab ich, weil ich mich informieren will, weil ich die Medien kennen will, die unsere Zukunft bedeuten!

Ebensolches gilt für E-Mail. Während ich mittlerweile über soziale Netze und Email besser zu erreichen bin, als via Telefon, alleine schon, weil ich mittlerweile sehr mobil arbeite, gibt es immer noch Bekannte, die

antworten, wenn überhaupt, auf eine E-Mail erst nach Wochen, schicken mir mehrere Megabyte Anhänge oder verlinken ohne einmal nachzusehen auf Trojaner verseuchte Webseiten oder fallen immer noch auf jeden Kettenbrief rein.

Nun muss nicht jeder ein begeisterter Verfechter des Internets werden. Aber in der heutigen Zeit sollte die Gesellschaft endlich akzeptieren, dass für eine immer größer werdende Gruppe der Bevölkerung das Internet das zentrale

---

6 http://www.initiatived21.de/wp-content/uploads/2010/03/Digitale-Gesellschaft_Endfassung.pdf

Kommunikations- und Informationsmedium geworden ist und noch wird. Und da sollte jeder sich zumindest eine grundlegende Medienkompetenz zulegen. Über neues nur zu schimpfen, obwohl man das Medium nicht kennt, zeugt für mich weniger von Intelligenz, denn von einer Angst vor Neuem, weil man da ja was lernen müsste. Wir müssen uns immer mehr daran gewöhnen, lebenslang zu lernen. Wir müssen akzeptieren, dass sich die Technologie und mit ihr die Welt und die Gesellschaft stetig weiterentwickeln.

Durch neue Medien und Technologien hat sich dieser Prozess beschleunigt, und niemand, der ernsthaft darüber nachdenkt, will die Entwicklung zurückschrauben. Wenn wir wollen, sind wir heute demokratischer informiert, können uns stärker einmischen, können auf sehr viel mehr Wissen und Information zurückgreifen als Generationen vor uns.

Wer da den Untergangspredigern, den Mobilfunkhassern, den Internetkritikern glaubt, die immer nur das schlechte in allem neuen sehen, tut mir leid, aber so jemand hat sich von der heutigen Gesellschaft abgekoppelt und der lebt im Gestern und lässt sich von Halbwissen und Pseudowissenschaft verdummen.

Es gibt einen wunderbaren Satz von Albert Einstein, der quasi mein Lebensmotto darstellt: "Mehr als die Vergangenheit interessiert mich die Zukunft, denn in ihr gedenke ich zu leben."

Und übrigens: "Oh, hast du ein neues Spielzeug?" ist nicht witzig, sondern dumm. Denn wer sie mir stellt, zeigt mir mehreres. Zum einen, er hat sich nicht informiert, denn ein Spielzeug ist etwas, das nur zum Spaß genutzt wird, und obwohl ich sicher mehr Gadget als der Durchschnittsbürger habe, besitze ich nur Geräte, die mir auch aktiv helfen, die ich wirklich verwende. Zum anderen, er ist intolerant, denn meist muss ich deren Fussballgefasele, Gespräche über deren eigene, meist stümperhafte Handwerkerversuche ertragen und beschwere mich darüber keineswegs, zum anderen akzeptieren diese Menschen offensichtlich nicht , das es Personen gibt, die Technik nicht nur beherrschen, sondern auch positiv nutzen können.

Und sie sind oft einfach dumm. Da sie weder darüber nachdenken, dass ihre Ignoranz jemanden verletzen könnte und weil sie mir damit vor Augen führen, wie uninformiert und technophob sie sind. Lieber suchen sie stundenlang den Weg zu einem unbekannten Ort, als sich von einem Navi helfen zu lassen.

Das extremste, was ich vor kurzem erlebt hatte: Ein Mitarbeiter einer IT Technik Abteilung, der mir während der Reparatur eines PCs erklärte, er möge dieses ganze neumodische Zeug gar nicht, zu Hause brauche er das alles nicht. Gut, mag ja sein, aber was machst du dann in deinem Beruf? Aber da ich nicht auf dieselbe Art bashen will, hab ich nix gesagt. Ist nur bedenklich, dass so jemand als "Experte für IT" gilt...

Social Media handeln nicht von Technik sondern von Umgangsformen

Ich habe mich schon lange gefragt, warum eine Technologie, die es eigentlich schon sehr lange gibt (Foren gab es schon weit vor dem großen Web 2.0 Hype) erst in den letzten Jahren so sehr in die breite Masse vorgedrungen ist. Ich denke, es liegt vor allem daran, dass die Technik erwachsen geworden ist. Was ich damit meine? Nun, die Technik verschwindet für die meisten Nutzer. Nie war es einfacher, auch mobil auf das Internet zuzugreifen. Man braucht keine Informatikkenntnisse mehr um ein Blog zu erstellen oder sich via Facebook oder Twitter mit seinen Freunden auszutauschen. Und mit der immer weiteren Verbreitung von Smartphones und mobilen Zugängen, kommen auch immer mehr Durchschnittsuser in den Genuss von "Always On" Zugängen.

Ein Problem allerdings tritt jetzt erst richtig zu Tage. Die Frage der Umgangsformen. So lange das Web noch ein abgeschotteter Bereich für Geeks und Nerds war, galten auch deren oftmals sehr klare Umgangsformen.

Mit dem Durchdringen des Webs durch alle Schichten und Charaktere des täglichen Lebens tauchen nun aber im Netz auch die gleichen Probleme wie im Alltag auf. Laute Proleten dominieren Chats, unwissende Gegner polemisieren gegen Technik und User.

Wir brauchen tatsächlich Regeln für das Web, aber nicht wie die meisten das wünschen, durch Verbote, Filter und Sperren. Wir brauchen einen gesellschaftlichen Konsens auch über die Umgangsformen im Netz. Denn dieser Kanal der Kommunikation wird immer mehr unseren gesamten Alltag durchdringen.

Beim Web 2.0 geht es um Umgangsformen. Um Kommunikation auf Augenhöhe. Und wir müssen akzeptieren, dass mit Web 2.0 die Grenze zwischen Privat und Beruf in der Kommunikation verschwimmt. Dass hier Verbote und Trennung schlicht nicht mehr funktionieren. Wer mobil Zugriff hat, wer always online ist, der lacht über Zugangsverbote. Denn er findet sie unsinnig und die Arbeit behindernd.

Web 2.0 Ignoranten werden es schwer haben

SWRContra[7] bringt einen Bericht über die Web 2.0-Ignoranten. Darin ist die Kernaussage: Wer sich weiterhin dem Internet und Web2.0 verweigert, wird es in Zukunft im Beruf schwer haben. Denn die Digital Natives drängen in den nächsten Jahren zunehmend ins Berufsleben und damit auch in die Führungspositionen.

So leid es mir tut, aber da muss ich SWRContra völlig recht geben. Wir mögen uns noch so über die neuen Techniken und den unbedarften Umgang der Jugend damit aufregen. Wir sollten aber besser auf uns selbst zurückschauen, auf unseren Umgang mit neuen Medien, denn die damalige Generation ebenso kopfschüttelnd zur Kenntnis nahm.

Ich erinnere mich noch gut: Einen Homecomputer hast du? So was braucht doch kein Mensch zu hause. Was ? Du hast ein Mobiltelefon? So ein Blödsinn, Angeber Spielzeug für wenige? Wie, du benutzt ein Navi? Na dann kannst du dich bald ja gar nicht mehr selbst orientieren? Alles Vorurteile, alles Blödsinn aber geschürt von der Angst, etwas Neues zu probieren. Wir Deutschen haben da so eine Tendenz, alles erst mal abzulehnen, gar nicht erst auszuprobieren. Besser ich kümmere mich nicht drum, dann geht das schon weg. Als ob jeder dazu gezwungen würde, alles zu nutzen, was es an neuen Dingen gibt.

Warum probieren wir nicht mehr aus? Technologien, die sinnvoll sind, setzen sich früher oder später doch durch, da die offeneren Menschen, und das scheinen meist die jüngeren zu sein, sie ja sowieso adaptieren und in den Alltag aufnehmen.

Wir sollten auch bei allem die Chancen sehen, und nicht nur die Risiken.

---

7 http://www.swr.de/contra/-/id=7612/nid=7612/did=6175346/10m1f47/index.html

Und ich sehe für mich die sozialen Netze als wunderbare Form, in Kontakt mit Freunden zu bleiben, die weiter weg wohnen, auch mal etwas zu koordinieren und muss sagen, dadurch treffe ich nicht weniger Menschen im wirklichen Leben, eher mehr. Und durch Twitter habe ich viele neue interessante Menschen kennengelernt,von denen ich sicher viele z.B. auf der re:publica auch noch in persona kennenlernen werde.

Für mich als "Digital Native Immigrant" (aufgewachsen mit Computern, also eigentlich Digital Native, aber zu alt ;)) ist das Netz unverzichtbar und eine große Bereicherung meines Lebens, sowohl was die Arbeit, als auch was das Privatleben angeht.

Der neue Einkaufsberater, das Web und die Cloud/Crowd

Mein Smartphone ist mit einer Kamera ausgestattet. Das hat einige findige Programmierer dazu veranlasst, einen Barcode Scanner zu implementieren. Dies an sich wäre nur eine nette Spielerei, stünde hinter dieser Anwendung nicht das gesamte Internet. Heute kann ich mit einem Scan in jedem Laden die aktuellen Preise der Produkte erfragen, die Lebensmittelampel, die ja dank unserer Regierung immer noch nicht offiziell verpflichtend ist, für die meisten Lebensmittel abfragen und lesen, was andere über das Produkt schreiben, und welche Testwertungen es gibt.

Sicher, früher gab es das alles schon (einer der nichtssagendsten Sätze der Web 0.0 Generation) aber die Verbindung des Always On meines Smartphones mit dem Internet bietet mir völlig neue Möglichkeiten, als Konsument mündig zu werden und die Produkte zu hinterfragen, die ich kaufe.

Und da heute ja, weil man ja als höchstes Ziel Profitmax.... aeh Kostensparen hat auch die hochpreisigen Waren in China produziert werden und die Herstellungswege so intransparent geworden sind, dass es sich schwer nachvollziehen lässt, wo ein "Made in Germany" Produkt denn nun wirklich HERGESTELLT wurde und ob die Mitarbeiter dort unter sozialen Gesichtspunkten arbeiten oder nur ausgebeutet werden (Stichwort Foxconn), würde ich mir noch wünschen, dass es bald eine Webseite gibt, die nach einscannen meines Produktbarcodes auch die sozialen Aspekte des Unternehmens anzeigt, mir auch deutlich vor Augen führt, dass ich, wenn ich bei Ölkonzern X tanke, mich offensichtlich nicht sehr um Standards, Ethik und Moral kümmere.

Wir können mit Hilfe des Webs zu sehr mündigen Konsumenten werden. Allerdings braucht es dazu immer noch eins. Verstand, und den Willen, als Verbraucher aktiv zu werden. Aber dank Web 2.0 haben wir zum ersten Mal Werkzeuge in der Hand, die uns bei jedem Produkt die Konsequenzen unseres Kaufes vor Augen führen können. Wie wäre es mit einer Berechnung des CO2 Impact beim Kauf jedes Produkts?

Ich wünsche mir so etwas.

Die Politik und der Kontrollverlust

Die ganze Diskussion der letzten, ja fast schon Jahre, sei es um Websperren, Datenschutz oder Vorratsdatenspeicherung erweckt bei mir immer mehr den Eindruck, dass das eigentlich dahinterliegende Thema das der Angst ist. Ja, ich glaube, die Politik als bislang herrschende Kaste bekommt ebenso wie die Managementeliten langsam Angst vor der Macht des Netzes. Denn plötzlich existiert da ein Medium, in dem sich Informationen abseits von Leitmedien verbreiten. In dem offen diskutiert wird. Wo sich plötzlich ganze Bevölkerungsgruppen, und längst nicht mehr nur die Nerds und Geeks versammeln, austauschen und organisieren.

Zunächst die Zensursula Petition, dann die Vorratsdatenspeicherungsverfassungsbeschwerde, jetzt die Beschwerde gegen Elena. Das Volk muckt auf und beginnt sich immer aktiver einzumischen und abseits politischer Indoktrinationen selbst zu organisieren.

Das freut mich als Netizen und Digital Native h.c. und es zeigt mir, dass das Netz auch einen sehr demokratischen und wichtigen gesellschaftlichen Aspekt hat. Die Macht verlagert sich wieder mehr von wenigen Politikern, die mehr an Machterhalt und Status Quo interessiert sind hin zur gesamten Bevölkerung. Denn mit den Digital Natives wird es auch für immer mehr "Normalbürger" selbstverständlich werden, sich im Netz zu Wort zu melden und aktiv zu werden.

Warum der Blogger ein Angstgegner ist

All diese Pressereaktionen von FAZ[8] bis Süddeutsche, die großen Probleme, die viele Unternehmen noch mit dem Internet und dem Zugang ihrer Mitarbeiter zum Web2.0 haben und viele gute Diskussionen auf der re:publica haben mich zu ein paar Gedanken über die Zukunft des Web2.0 angeregt.

Zunächst: Web2.0 is here to stay. Wir merken das schon daran, wie sehr die "etablierten"Medien wie Parteien versuchen, das Web2.0 ebenso wie seine Hauptprotagonisten; die Twitterer und Blogger zu diskreditieren.

Gehässige Artikel, gesperrte Netzzugänge, der Beigeschmack des Spielens im Web. All das zeugt mehr von einem tiefen Unverständnis über die Möglichkeiten und Potentiale des Netzes. Wir bewegen uns auf eine Gesellschaft des "Always On" zu aber auch auf eine Gesellschaft, in der Privat und Beruf im positiven immer mehr verschmelzen werden. Wir werden gerade in den kreativen und den Knowledgeworker Bereichen erleben, dass das klassische Arbeitsmodell des 9-17 Uhr Arbeiters immer mehr verschwinden wird. Das wird die Gewerkschaften nicht freuen, ebenso wenig wie die Vorgesetzten, die ihre Bedeutung an der Zahl der physikalisch anwesenden Mitarbeiter messen.

Insofern kann ich sogar der Grundeinkommensdiskussion etwas abgewinnen.

Denn es wird nicht mehr die Zeit sein, für die ich bezahlt werde, sondern das Ergebnis. Kreativität, und diese wird immer wichtiger werden, lässt sich nicht in Zeit messen. Wer fragt, wie lange ich für ein neues Stück Software, ein neues Webdesign in Stunden und Minuten brauche, der hat kein Konzept von kreativer Arbeit.

8
http://www.faz.net/s/Rub475F682E3FC24868A8A5276D4FB916D7/Doc~E277C2ACBAC4A47BCBA31A6DA25C99E80~ATpl~Ecommon~Scontent.html

Und die Parteien und Unternehmen werden sich damit abfinden müssen, dass sie weder die Interpretationshoheit, noch die Informationshoheit behalten werden. "Wer den Zugang zum Internet filtert, braucht sich über Web2.0 Techniken noch gar keine Gedanken zu machen."

Wir benötigen ein völlig neues Denken, eine Akzeptanz auch des Wissens der Vielen.

Die Basisdemokratie hat zum ersten Mal eine reale Chance, Wirklichkeit zu werden. Die Zensursula Debatte, das Kippen des Vorratsdatenspeicherungsgesetzes, die Verfassungsbeschwerde gegen ELENA und letztlich auch der große Erfolg der Piraten sind nur erste Anzeichen einer Trendwende. Jedem Politiker, jedem Unternehmen sollte klar sein, es wird Zeit, herabzusteigen vom Thron, es wird Zeit, auf Augenhöhe zu kommunizieren.

Und zum Schluss noch ein kleiner Wink in Richtung katholischer Kirche. Wer nicht in der Lage ist Schuld einzugestehen, auf Augenhöhe zu kommunizieren, der verliert auch noch das letzte Quäntchen an Glaubwürdigkeit. Und das extrem schnell.

Zukunftsverweigerer 2.0

Im Rückblick auf die re:publica kam mir da noch so ein Gedanke. Ich werde im Büro wohl kaum darüber berichten können. Denn dort ist die Gedankenwelt der re:publica so weit weg wie die Quantenphysik für den Kreationisten.

Da werde ich jeden Tag mit Menschen konfrontiert, die auch noch stolz darauf sind, kein Mobiltelefon zu nutzen. Die lieber ihre Umwelt mit unmöglichem Fahrverhalten und ewigem zu spät kommen nerven, als sich auf ein Navi zu verlassen. Die einen Computer nur benutzen, wenn sie es müssen und am liebsten wieder alles mit Papier und Rechenschieber machen würden. Und bitte nicht glauben, das wären nur die über 50 jährigen. Es gibt genug 20 jährige, die nicht einmal annähernd über die grundlegendsten Fähigkeiten für das digitale Zeitalter verfügen.

Natürlich muss nicht jeder ein Web2.0 Verfechter sein. Nicht jeder muss permanent erreichbar sein. Genauer gesagt, bei vielen ist es besser, wenn man sie nicht erreicht, weil dann sie einen selbst auch nicht erreichen können. Aber in welche Gefahren und Abhängigkeiten sie sich damit begegnen ist ihnen dann leider auch nicht klar. Sie finden dann Internetsperren gut, weil die ja irgendwie was gegen Kinderpornographie tun. Sie sind für Videoüberwachung, weil die ja nur für die Verbrecher schlecht ist (ja sicher, und dann führen wir am besten auch noch neusprech ein). Sie fallen beständig auf die Buzzwords der Berater rein. Meinen, sie müssten permanent Überstunden schieben, um wichtig zu sein. Kurz, sie lassen sich leben, anstelle selbst zu leben. Solche Leute fragen dann mich, ob ich zu viel Zeit hätte, wenn ich im Netz blogge. Verwenden aber Wochen, Monate und Jahre darauf, ihre Haus amateurhaft irgendwie fertigzustellen, bauen monatelang Dinge um, für die ein Fachmann maximal Wochen gebraucht hätte, versenken tausende von Euro in Investitionen, die sie aus professioneller Hand meist zum halben Preis bekommen hätten.

Aber wenn man in sein Wissen investiert, wenn man sich informiert, auf dem Laufenden bleibt, dann wird darüber gelacht. Dafür merkt man dann in jedem Gespräch, jeder Diskussion, wie gering auch das Interesse dieser Menschen an Politik, an Bildung, an Informiert sein ist. Da ist dann die Bild das Leitmedium und wenn man die Zeit liest, taucht wieder maximal die Frage auf, wie man dafür Zeit findet. (Man könnte ja mal drüber nachdenken, wie viel Zeit man sinnlos starrend vor dem Fernseher bei Fußball oder dummen Castingshows verbringt).

Manchmal denke ich, ich lebe in einem anderen Universum. Und dann frage ich mich: Sollte ich mir nicht ein großes Schild basteln: "Meine Welt, ewig gestrige Bedenkenträger bitte draußen bleiben".... Hmm... vielleicht sollte ich es wirklich tun. Denn ich interessiere mich, ganz nach Einstein für die Zukunft, denn in ihr gedenke ich zu leben.

Nur eine Frage hab ich, an meine Leser, die ich ja aufgrund des Lesens meines Blogs schon zu den interessierten, aufgeschlossenen zählen kann. Ist das ein Phänomen ländlicher Regionen, oder gibt es das genauso in der Stadt? Auf jeden Fall war es faszinierend, sich auf der re:publica mal nicht wie ein Aussätziger vor zukommen, sondern unter Gleichgesinnten zu sein, die zukunftsorientiert, aufgeschlossen und tolerant sind. Mittlerweile sage ich, nicht ich bin ein Geek. Ihr seid Dinosaurier. Und wer ist ausgestorben? Genau!

Noch ein Beispiel: Wer kennt den LHC? Ok, seit den Sorgen der Technophobiker und Esoteriker, der LHC könne ein schwarzes Loch produzieren (wäre gut, wenn sich diese Wissensverweigerer erst informieren würden, bevor sie unbelegbare

Ängste in die Welt posaunen) kennt ihn wohl die Welt. Aber kennt ihr auch schon LHCSound?[9] Das ist ein Projekt, das die Kollisionen im LHC in Musik verwandeln will. Ja, ist eine Spielerei, ja ist nicht wirklich Primärziel eines Milliardenprojekts. Aber wer sich hier etwas einliest, entdeckt vor allem eins. Das kreative Potential, die Begeisterung von Wissenschaftlern für die Wissenschaft. Und das ist es, was wir deutlich mehr brauchen. Wissenschaft ist meiner Ansicht nach in der Gesellschaft heute immer stärker etwas, das die Bevölkerung ablehnt. Oder wie kann man sich denn die Mobilfunkphobiker[10], die Computerverweigerer erklären? Warum spottet man über mich, weil ich mich für moderne Technologien und Devices interessiere. Ich spotte lieber über die, die stundenlang ohne Ziel Benzin verbraten, anstelle eines Navi zu benutzen. Die lieber alles noch von Hand machen und dafür 5-mal so lange brauchen, anstelle sich von Technik helfen zu lassen. Die sich mehr für Brustvergrößerung eines Models interessieren als für die neuesten wissenschaftlichen Erkenntnisse. Die sich darüber wundern, dass ich vom letzten Flug der Atlantis erzähle mit den Worten: "Wie, die fliegt gar nicht mehr" ?

Wissenschaft hilft uns, die Welt immer besser zu verstehen. Wir müssen nur akzeptieren, dass Wissenschaft kein Ja oder Nein, keine einfachen Erklärungen auf BLÖD Zeitungsniveau liefern kann.

Ich lebe lieber in der Zukunft als in der Vergangenheit, offensichtlich im Gegensatz zur Mehrheit meiner Umwelt. Und ich bin und bleibe Wissenschaftler. Mit der Begeisterung für die Forschung in neuen unbekannten Themen und dem Wissen, dass jemand der dir antwortet, er wisse Bescheid über sein Themengebiet der

erste ist, dem ich misstrauen muss. Wissenschaft ist die Antwort, nicht Esoterik und nicht Technophobie.

---

9 http://www.lhcsound.com/index.html
10 http://www.scienceblogs.de/kritisch-gedacht/LJ-2010-05-Berger.pdf

Neue Techniken, dafür fehlt mir die Zeit! Immer wieder höre ich diesen Satz. Woher nimmst du nur all die Zeit, dich mit all den neuen "Spielereien" (AAARGG) zu befassen, die hab ich gar nicht. Lasst uns das mal analysieren. Ich verfolge ja immer die Gespräche in Kantine, im Büro und in der Freizeit. Erstaunlich ist oft, wofür Menschen dann doch Freizeit haben. Z.B. für den jahrelangen Umbau eines Hauses. Oder für die Hege und Pflege des eigenen Autos, Gartens, Hobbies. Viele erzählen mir auch stolz, wie oft sie schon wieder abends in einer Kneipe oder Disco waren. Und meist erfahre ich unter der Woche ausführlichst, was abends so alles im Fernsehen lief.

Ich will niemandem diese Aktivitäten verleiden. Ich gönne sie jedem. Aber manchmal sollte einem die Freizeit auch etwas Weiterbildung wert sein. Und es macht ja auch Spaß. Aber ich lese halt lieber die ZEIT als Bild, oder Spektrum der Wissenschaft als Stern. Man muss auswählen und die Auswahl entscheidet darüber, worüber man informiert ist. Ich bin abends lieber online und recherchiere oder tausche mich mit andern aus, als fernzusehen. Ich befasse mich lieber mit Astronomie oder Wetterkunde, als mit den PS des neuesten Trendautos oder mit Fußball. Sorry, dass ich nicht ins Schema passe. Aber erzählt mir nicht mehr, ihr hättet keine Zeit für Technik. Ihr habt schlichtweg kein Interesse. Manch eine Koinzidenz finde ich doch ausgesprochen interessant. Im Daily Dueck Nr 117[11] behandelt Gunter Dueck eine ähnliche Fragestellung. Unbedingt lesenswert und findet meine vollste Zustimmung, obwohl ich da etwas pessimistischer bin als der Autor.

Und manchmal widerspricht die Technikfeindlichkeit sogar jeder Vernunft.

Nicht überraschend titelt die Computerwoche:

---

11 http://www.omnisophie.com/day_aktuell.html

Studie zum Druckverhalten[12]: Deutsche sind Europas Papierverschwender.
Das ist richtig, aber daran sind wir selbst schuld. Wer so technophob ist, dass er jede Mail, jeden Foliensatz nochmal auf Papier haben will, wer sich nicht vorstellen kann, Dokumente auf einem E-Book Reader zu lesen, der braucht sich auch nicht zu wundern. Es wäre ohne Probleme möglich, E-Book Reader mit WLan in Unternehmen einzusetzen, um Dokumente direkt als PDF dorthin zu transferieren. Viele E-Mails werden nur ausgedruckt, weil der einzige PC ein Desktop PC ist, und man nicht z.B. einen kleinen Netbook mit ins Meeting nehmen könnte. Wenn ich ins Meeting mit meinem TabletPC gehe, werde ich schief angeschaut und man lästert über mein Spielzeug. Also ist ja wohl klar, woher diese Papierverschwendung kommt. Wir könnten schon längst weitestgehend papierlos arbeiten. Nur der Wille fehlt, und der Mut, auch mal Technik einzusetzen, die es schon lange gibt. Selbst der neue Trend zu Tablets wird hier sicher nichts verbessern. So lange man noch ernster genommen wird, wenn man mit Papier und Bleistift im Meeting oder am Arbeitsplatz umgeht, so lange wird sich hier nichts ändern. Im Gegenteil, es wird noch schlimmer werden, da das Informationsaufkommen ja immer höher wird.

Und auch im privaten Bereich ließen sich Unmengen von Papier sparen, würde man so manches Verhalten anders denken: Ich bin ZEIT Abonnent. Weil mir der Schreibstil gefällt. Weil mir gefällt, dass ich nicht mit allen Artikeln einverstanden bin, aber stets zum Nachdenken angeregt werde. Weil eben nicht der Tagesjournalismus und bunte Bildchen zählen, sondern beständigere Fakten, Blicke hinter die offensichtlichen Fassaden.
Bisher ging das alles aber nur im von der Zeit bekannten papierenen Großformat. Das an sich störte mich nicht, da ich ja für unterwegs als Abonnent auf die PDF Version zurückgreifen konnte. Dann die Überraschung. Es gibt Die Zeit endlich auch für E-Book Reader–im ePub Format. Das an sich ist ja schon großartig, leider mit dem

---

12 http://www.computerwoche.de/subnet/hp-roi/1938625/

Wermutstropfen, dass ich auf Digital Editions von Adobe angewiesen war, um die neue Zeit Ausgabe herunterzuladen. Dann jedoch die Überraschung. Ganz ohne Digital Editions, direkt auf meinen ubuntu Notebook und von da auf meinen E-Book Reader ließ sich Die Zeit transferieren.

Ich finde, hier hat man die beste Verbindung von Offline und Online, von Print und Digital gefunden. Immer noch liebe ich es, meine ZEIT in Papierform zu lesen, so es mir Raum und Zeit ermöglichen. Aber ich habe sie jetzt auch stets auf meinem kleinen, kompakten E-Book Reader dabei. Und da Die ZEIT mehr Wert auf das geschriebene Wort als auf bunte Bildchen legt, ist es auch sehr gut möglich, eine für einen E-Book Reader umformatierte Die Zeit zu lesen. Ich bin da vielleicht etwas undogmatischer als andere. Aber ich schätze auch neue Techniken, ich nutze das, was mir im Moment am praktischsten erscheint. Und nein, der E-Book Reader ist kein neues Gadget, sondern schon lange im Gebrauch. Aber durch die sehr kompakte Bauweise extrem unauffällig. Ich freue mich schon auf den nächsten Urlaub. Mit viel Lektüre, die aber keinen Platz wegnimmt, da im E-Book Reader auf MicroSD verstaut.

Und parallel bietet Die Zeit ausgewählte Artikel auch im Podcast an. Eine weitere interessante Alternative, denn so kann ich quasi ausgewählten Artikeln z.B. auch während einer Autofahrt lauschen, oder wenn mir einfach gerade nicht nach lesen ist. Multimedia at its best. Und ZeitOnline als eigener Kanal rundet das Angebot dann mit speziellen Nachrichten und ergänzenden Artikeln ab. Ein sehr gutes Rundum Angebot.

The future is now. Man muss nur manchmal auch etwas Freude am neuen haben und nicht gleich alles voll Ablehnung und mit diesem arroganten Lächeln desjenigen betrachten, der eigentlich die Technik toll findet, aber merkt, dass er sie wohl nicht ganz begreift.

Ich sage stets, und bleibe dabei: Es gibt Menschen, die Fische fangen und solche, die nur das Wasser trüben.
Lästert ihr nur über Dinge, die ihr nicht begreift. Ich genieße derweil den Fisch.
Und nein, ich habe nicht zu viel Geld. Ich spare mir nur andere Ausgaben. Ich interessiere mich nun mal für Technik. Weniger für Diskos, weniger für häufiges Ausgehen, weniger für teure Männerspielzeuge wie Autos und Biergelage. Man muss Prioritäten setzen. Meine sind halt etwas anders. Aber darin zeigt sich die Toleranz eines Menschen. Wenn er akzeptiert, dass andere anders leben wollen. Und wenn er erkennt, dass das ok ist.

Das Traurige an aller Fachliteratur, bzw. an allen populärwissenschaftlichen Büchern, die über bestimmte Entwicklungen aufklären wollen: Die, die es eigentlich angeht werden diese Quellen nicht lesen. Die 29 %, die zu einem großen Teil, laut[1] Artikel der Tagesschau bewusst offline sind und bleiben wollen. Nun war die Erde auch ziemlich lange eine Scheibe, Männer mit mehr Rechten als Frauen behaftet, die Eisenbahn Lebens gefährlich, ein Mobiltelefon Spielerei und das Internet überflüssig und böse.
Gut nur, dass die Geschichte auch zeigt, dass Ignoranten irgendwann von der Realität überholt und auch ignoriert werden.
Mittlerweile gibt es so viele relevante und wichtige Dinge im Netz, von objektivierenden Informationen über vergleichende Dienstleistungen bis zu offenerer Kommunikation, dass jeder, der sich dem verweigert, wohl eher Angst vor seinem eigenen Unverständnis der Technologie hat.
Ich kann es mittlerweile nicht mehr hören, wie schlimm Computer, wie gefährlich das Internet sein soll. Autofahren ist deutlich gefährlicher für mein Leben, aber dennoch fährt fast jeder Auto! In 20 Jahren werden wir über die Menschen lachen, die sich dem Netz freiwillig verweigert haben. Nicht jeder muss jeden Tag online

sein, aber die Möglichkeiten nutzen sollte man. Wenn etwas das Leben erleichtert ist totale Ablehnung letztlich unreflektiert und in letzter Konsequenz dumm.

Interessant auch, dass es einen Unterschied zwischen Stadt und Land gibt. Scheint doch was an dem Spruch zu sein: Was der Bauer nicht kennt, frisst er nicht. Ist aber dumm, denn gerade durch das Internet kann das Land gegenüber der Stadt wieder aufholen, weil der Wohnort durch das Internet immer weniger relevant wird.

Letztlich bringt sich mittlerweile jeder, der das Netz ignoriert früher oder später in eine schlechte Position und wird sich dann mit Sicherheit auch noch darüber beschweren.
Und interessant ist auch, dass die Internet Ignoranz auch ein Schichtenproblem zu sein scheint. Oft ignorieren auch genau die das Netz, die dadurch ihre eigenen Lebensverhältnisse verbessern könnten, durch Zugang zu wichtigen Informationen, durch Bildung von helfenden Netzwerken. Und dabei ignorieren sie oft nicht willentlich, sondern weil vielfach ein Zugang zum Netz noch nicht als das angesehen wird, was er eigentlich ist, nämlich eine viel wichtigere und vielfältigere Informationsquelle als ein Fernseher, der aber zum Grundbedürfnis auch bei Arbeitslosen zählt. Wenn dies schon für den passiv mit medialem Input überhäufenden Fernseher gilt, so sollte jedem auch das Recht zustehen, sich aktiv zu informieren. Also einen Zugang zum weltweit größten Wissensspeicher zu erhalten, dem Internet.

Die Alten glotzen, aber schimpfen über die Jungen. Fernsehkonsum und Altersstruktur

Bislang wurde immer nur über den Fernsehkonsum junger Menschen polemisiert. Nun meldet eine neue Studie aus den USA[13] unter 4000 US-Amerikanern ab 15 bis 98 Jahren, dass gerade die ältere Generation deutlich mehr fernsieht als die Jugend. Zitat: "Nach anderen Untersuchungen verbringen die 65-Jährigen in den USA durchschnittlich 25-30 Prozent ihrer Wach- und 50 Prozent ihrer Freizeit vor dem Fernseher, durchschnittlich liegt der tägliche Fernsehkonsum bei 270 Minuten, eine Stunde mehr als noch vor einem Jahrzehnt (bei den Deutschen lag die [extern] Sehdauer 2009 bei 212 Minuten, deutlich mehr als die 144 Minuten 1988, die Verweildauer liegt allerdings bei 300 Minuten). "

Ich bin ehrlich gesagt nicht überrascht. Wenn ich drüber nachdenke, wie oft mich Bekannte und Freunde verwundert fragen, woher ich die Zeit für meine Hobbies wie Bloggen, Astronomie, Lesen nehme, ich dann gleichzeitig aber erfahre, dass sie jeden Abend vor dem Fernseher sitzen (am Wochenende oft wohl noch mehr), dann wundert mich nicht, dass sie keine Zeit für andere Dinge haben. Fernsehen ist an sich nicht schlecht, aber es gilt auch hier wie für Computer und Medien generell, ohne hinreichende Medienkompetenz wird aus Konsum schnell unreflektierter Glaube an alles, was dort gesendet wird.

Wer glaubt, nur weil etwas in der Tagesschau berichtet wird, stimme das auch, oder wer die Nachmittagsgerichtsshows oder Talkshows ernst nimmt (und leider kenne ich genug in meinem Umfeld, die wirklich glauben, das wären reale Fälle), der wird immer leichter beeinflussbar und steuerbar. Bei mir beschränkt sich der

---

13 http://www.heise.de/tp/r4/artikel/32/32956/1.html

Fernsehkonsum auf sehr stark selektierte Dokus und Nachrichten, wobei gerade hier dennoch auch die Reflexion über das Gesehene wichtig ist und ich nach Möglichkeit bei Informationen, die mir unglaubwürdig erscheinen oft nochmals gegenrecherchiere.

Würden das mehr Menschen tun, würden weniger auf Pseudowissenschaftler und Scharlatane oder die vielen Bedenkenträger hereinfallen. Aber vielleicht ist das ja gar nicht gewollt? Vielleicht ist es ja gerade gut, wenn der Bürger in Unwissenheit und einer gewissen Angst gehalten wird. Damit ist er besser lenkbar und steuerbar. Querdenker sind nun mal unangenehm. Aber wir brauchen Querdenken und kritisches Denken um nicht auf die Scharlatane reinzufallen. Und lebenslanges Lernen geht nur, wenn ich mir auch die Zeit dafür nehme.
Wenn ich mich jeden Abend vor dem Fernseher betäuben lasse, sollte ich mich vielleicht fragen, ob da nicht was Elementares in meinem Leben falsch läuft?

Mobilfunk erzeugt keinen Krebs, oder doch, oder nicht?

Die TAZ titelt: Handy-Nutzung und Hirnkrebs[14] Ein entschiedenes Sowohl-als-auch und eigentlich hatte ich genau dieses Ergebnis erwartet. Wir beharren also weiterhin auf dem Status Quo. Zwar hat die Studie laut eigenen Aussagen der Wissenschaftler sogar ein etwas geringeres Risiko bei Handynutzern festgestellt, dann aber auch wieder nicht. So was ist aber nicht Wissenschaft, so was ist populistisch. Denn jetzt können sowohl die Befürworter als auch die Gegner der Studie sich wieder auf die Fahnen schreiben, sie hätten es ja schon längst gewusst. Für mich heißt diese Studie nur eins:

Wenn es so schwer ist, überhaupt eine Auswirkung festzustellen, dann kann diese wahrlich nicht sehr groß sein. Aber das ficht ja die Mobilfunkphobiker nicht an, uns wieder mit fadenscheinigen und teilweise falschen Argumenten zu belästigen. Oder warum soll ich dagegen sein, dass direkt in meiner Nähe ein Mast gestellt wird. Dann wird für mich in meinem Wohnumfeld nämlich die Strahlungsbelastung eher reduziert, da mein Mobiltelefon dann bei weitem nicht so stark strahlen muss. Ich denke, wir sollten hier die Kirche im Dorf lassen. Wir leben mit wahrlich größeren Bedrohungen, die aber den Mobilfunkpaniker kaum interessieren.

Ich muss heute noch immer wieder mal über diesen Dummkopf lachen, der von mir damals forderte, ich solle bei einem Ortschaftsratsworkshop doch meinen UMTS Stick ausstecken, der würde ihn total verstrahlen (obwohl, er hatte ja recht, seine Aussagen in dem Workshop waren schon ziemlich "verstrahlt" ;) Hab ich dann auch gemacht, bis er weg war, dann aber natürlich wieder eingesteckt, so blöd bin ich dann ja doch nicht. Zumal in demselben Raum mind. 5 Mobiltelefone aktiv waren und außerdem 4 WLans erreichbar und er dennoch entspannt lächelte. Na ja, gegen

---

14 http://www.taz.de/1/zukunft/wissen/artikel/?tx_jkpoll_pi1[go]=savevote&tx_jkpoll_pi1[uid]=808#polloftoday

die Dummheit ist halt kein Kraut gewachsen. Und Strahlung hilft da leider auch nicht....

Mein Tablet bleibt daheim. Mein Umfeld ist noch nicht so weit ;)

Zwei Wochen hab ich einen Convertible, also einen Notebook, der auch Tablet sein kann wirklich on the road als tägliches Tool im Büro genutzt.

Mein Fazit: Für mich persönlich ein gelungenes Werkzeug, allerdings mit guter Schrifterkennung nur unter Windows 7. Und noch nicht geeignet für den Büroalltag in einer nicht IT Company. Warum nicht? Dort wird jemand der in einem Meeting mit solch einem Device auftaucht eher für ein Spielkind gehalten, als dass man das Gerät als Arbeitswerkzeug ansieht. Und solange jemand mit Papier und Stift als "seriös" gilt und jemand mit Tablet als Spielkind ist es mir die ganze Erklärerei nicht wert. Mein Smartphone ist unauffällig dabei, damit ich kann ich die Kurzrecherchen im Internet machen, die ich täglich so nützlich finde und die leider im Büro dank diverser Filter oft nicht gehen (Entwicklerblogs-gesperrt, Twitter-gesperrt, Facebook-gesperrt..Aber darüber laufen auch meine Geschäftsrecherchen...15) Und ich nehme einen Notizblock und Stift mit, das muss reichen. In den meisten Meetings gibt es eh wenig Relevantes zu notieren, da das meiste in einem Protokoll noch mal elektronisch verteilt wird. Zumindest eines habe ich für mich gemerkt. Ein Ipad ist für mich aus einem einfachen Grund nichts. Ich BRAUCHE eine gute Tastatur, um 10 Finger schreiben zu können. Denn handschriftlich bin ich nicht nur deutlich unleserlicher, sondern auch deutlich langsamer. Ich schreibe mittlerweile mit 10 Fingern schneller als mit dem Stift.

Auf dem Schreibtisch im Büro (und nur dort) steht mein kleiner Netbook mit UMTS Stick für die schnelle Recherche. Da ich im Moment auch zu Social Media Themen im Unternehmen recherchiere und arbeite ist für mich ein direkter Zugang zum gesamten Netz essentiell, viele Artikel, Infos und Meinungen tauchen zuerst

---

15 Beim Erscheinen dieses Buches hat sich hier die Vorgehensweise deutlich gelockert, auch, weil man gesehen hat, dass in der „neuen Zeit" vieles an Kommunikation, die auch geschäftlich weiterhelfen könnte, über die neuen Sozialen Medien läuft und man seine Mitarbeiter von einer wichtigen Informationsquelle aussperrt, wenn man ihnen den Zugang stark einschränkt.

in Facebook und/oder Twitter auf, das scanne ich mit Hootsuite, so bekomme ich regelmäßige Updates über die "Hot Topics". (Und der hat eine breite 10 Finger Tastatur!) Was mach ich jetzt mit dem T91MT. so dekadent das klingt, er dient jetzt als leiser energiesparender Server für die Wetterstation und als "Schreibtisch" Computer. Bevor ich jetzt den großen Notebook hochfahre, klappe ich den ständig laufenden EePC kurz auf, recherchiere schnell was und klapp ihn wieder zu. Damit spare ich mir Hochfahrorgien und die ewigen Wartezeiten.

Tablet? Im Prinzip eine gute Sache. Aber erst, wenn man ihn nicht nur nutzen kann, sondern auch darf.......Schon vor Jahren hab ich die Erfahrung mit einem TL und meinem damaligen PDA gemacht. Die Zeit war noch nicht reif. Jetzt rennt alles, was sich für wichtig hält mit einem Blackberry herum, da kann ich endlich meine Termine ebenfalls offiziell elektronisch verwalten.

Und noch ein Eindruck zum Ende: Das Tablet wird sich durchsetzen für den "konsumierenden User".

Der agierende Blogger, Twitterer und Entwickler wird stets auch einen "Tastaturcomputer" nutzen, ist angenehmer und effektiver (nicht effizienter ... ;))

Der nächste Megatrend? Offline und dennoch Online?

Wir alle erleben im Moment einen Hype. Social Media, always on, Twitter und mein Facebook Status. Wer netzaffin ist, der ist auch online und meldet seinem Umfeld immer und überall, was ihn umtreibt.

Oder auch nicht. Es gibt immer noch viele, die dem ganzen nichts abgewinnen können, die sagen: "Dafür ist mir meine Zeit zu schade, was solch ich denn bloggen/twittern, das ist mir alles zu kompliziert."

Auftritt: Web 3.0. Ja ich weiß eine Buzzword Nummerierung aber wenn man mal hinter die Fassade schaut und sich so seine Gedanken über das kommende Semantic Web macht... Ich finde, da kommt etwas Spannendes auf uns zu.

Letztlich nutze ich jetzt schon RSS Feeds, Aggregatoren und Suchfilter, um die Informationsflut in für mich interessant und erträgliche Bahnen lenken. Aber es wird mehr werden. Und ich bin mittlerweile auch wieder kontrolliert offline, gönne mir längere informationstechnische Auszeiten. Aber das schaffe ich, da ich mich mit den Technologien befasse und aktiv nach Aggregierungsmöglichkeiten und Filterungswegen suche.

Was ich als die große Chance von Web 3.0 ansehe, sind Möglichkeiten, Informationsströme auch semantisch aufzubereiten. Da im Semantic Web auch der Inhalt einer Seite aus der Seitenbeschreibung hervorgeht ist meiner Ansicht nach die Zeit für intelligente Informationsagenten gekommen. Wir werden, so meine Prognose, Werkzeuge an die Hand bekommen, die für uns anhand dessen, was wir bislang angesurft haben nach neuen Quellen suchen, zusammenfassen, aufbereiten und uns ein sehr komprimiertes Bild der aktuell im Netz vorhandenen Informationen geben. Sie schauen auf unser Facebook und Twitter Profil, auf die bislang von uns gesendeten Tweets und recherchieren auf diese Basis nach weiteren Informationen. Ich muss nicht mehr "persönlich" online sein und meine Filter justieren, um über meine Themen auf dem Laufenden zu bleiben. Das wird Software für mich erledigen. Es könnte z.B. kleine Newsticker geben, die vielleicht sogar als Standalone Devices einen gefilterten Nachrichtenstrom zu mir ins Haus, aufs Smartphone und vielleicht sogar ins TV liefern. Diese Ströme bestehen dann nicht mehr nur aus Text, sondern können auch Videoschnipsel enthalten.

Wir werden meiner Ansicht nach erleben, dass die Zukunft wieder mehr "Offline" Zeit erlaubt. Denn always on ist auch ein Stressfaktor. Wer ist schon so diszipliniert, wirklich auch mal offline zu gehen? (Ok, und auch , weil ich abends lieber im Web recherchiere oder ein Buch lese, als dem Fernsehprogramm zu folgen)

Und wer das für reine Science Fiction hält, dem seien als Beispiel nur Google Glass oder Google Now genannt, zwei Dienste, die genau diese Strategie in ersten Zügen umsetzen. Abhängig von Zeit, Ort und Kontext erhalte ich unterschiedliche gefilterte Informationen ohne mich selbst darum kümmern zu müssen. Und die Dienste stehen erst am Anfang, zeigen demjenigen, der sich ein wenig darauf einlässt aber schon heute, wohin die Informationsströme in Zukunft gelenkt und wie sie gefiltert werden. Sie werden zum Bestandteil unseres Alltags. On demand und genau in der zum Zeitpunkt x richtigen und relevanten Menge.

Technologie sollte dem Menschen dienen

Die Computerwoche titelt "Software muss einfach sein[16]". Damit hat sie zwar im Prinzip Recht, nur tendiert die Szene dazu, nicht nur die Software komplex zu machen, sondern auch den Prozess dorthin. Da werden immer neue Architektursäue durchs Dorf getrieben. Da wird aus SOA "Die Cloud" um dann wieder einem neuen Paradigma zu weichen, das wieder durch ein weiteres Werkzeug realisiert wird. Manch ein Entwickler ist heute mehr damit beschäftigt, die ganzen Designwerkzeuge zu verstehen und zu bedienen und den daraus erzeugten Code auch nur halbwegs dazu zu bringen, das zu tun, was gewünscht ist.

Aber auch der Anwender muss sich an die eigene Nase fassen. Wenn ich einfache, überschaubare Programme will, dann muss ich auch mal auf das eine oder andere Feature verzichten können und mich damit auseinandersetzen, wie viel Aufwand ggf. ein kleiner Wunsch auf der GUI dahinter bei der Entwicklung bedeutet.

Oft wird vergessen, dass es sicher möglich wäre, einfache und abgespeckte IT Lösungen zu liefern, aber verschiedene Lobbies, von den Hütern der reinen Programmierlehre, über die Architekten, die natürlich modernste aber oft auch komplexe Systeme designen, bis hin zu den Anwendern, die zwar Einfachheit wollen, aber auch auf kein Feature verzichten möchten.

Ein Beispiel aus der Hardware/Software. Der erste EeePC und damit Netbook sollte eigentlich nur ein sehr abgespeckter Rechner für einfache Arbeiten unterwegs sein, und deshalb auch auf Linux basieren, da hier die Hardwareanforderungen nicht so hoch sind. Heute beschwert sich jeder Testbericht über die schwachbrüstigen Prozessoren, mit denen man keine HD Videos abspielen oder komplexe Bildbearbeitungen machen kann. Ja was denn nun? Man muss auch bei allem

---

16 http://www.computerwoche.de/software/bi-ecm/1935426/

Verlangen nach Einfachheit selbst mit der Einschränkung, die daraus resultiert zu leben bereit sein.

Irgendwo scheinen wir den eigentlichen Sinn des technischen Fortschritts vergessen zu haben. Ich dachte mal, Fortschritt soll auch dazu da sein, uns das Leben zu erleichtern. Aber im Moment scheint alles Streben nur in Richtung, schneller, schneller, mehr Profit, mehr Arbeit in der gleichen Zeit zu gehen. Warum eigentlich? Wir sollten uns auch wieder darauf besinnen, dass wir nur ein Leben haben, und dass die neuen Technologien uns nützen und das Leben leichter machen sollen. Das heißt aber auch, ständig zu hinterfragen, ob eine neue Entwicklung, eine neue Technologie uns das Leben wirklich vereinfacht.

Zu den Erleichterern zähle ich zum Beispiel die sozialen Medien, so ich sie denn immer und überall nutzen darf. Dadurch kann ich Netzwerke aus Helfern bilden, bleibe verbunden und informiert. Allerdings sollte ich mir stets auch "offline" Zeit gönnen, um mich nicht komplett im Virtuellen zu verlieren. Und Crackberries zählen für mich definitiv zu den negativen Aspekten, speziell, wenn sie mir ausschließlich zu dienstlichen Zwecken übergeben wurden, man dann aber erwartet, dass ich sie auch nach Feierabend aktiv und damit mich dauernd erreichbar halte.

Deshalb auch nutze ich zwei Telefone. Es gibt eine private Nummer, die nur mein engster Freundes- und Familienkreis kennt, und über die ich immer erreichbar bin und eine "Business"-Nummer, die auch immer mal wieder offline ist. Wir müssen stets darauf achten, selbstgesteuert zu bleiben und uns nicht in eine (digitale) Abhängigkeit drängen lassen.

Privat oder Beruflich: Die Grenzen verschwimmen

Früher, ja früher, da war alles besser. Da begann man seinen Tag stets korrekt und nach einem geregelten Rhythmus morgens an der Stechuhr und wusste genau, wann man abends Feierabend machte. Doch diese Zeiten sind für immer mehr Menschen vorbei. Durch die neuen technologischen Möglichkeiten können wir immer und überall erreichbar sein und einen festen Schreibtisch benötigt der Wissensarbeiter von heute auch nicht mehr. Das ist schlimm, hören wir die Untergangsapolegeten jammern.

Aber ist es das wirklich? Oder geht es vielmehr darum, einen Wandel zum Besseren zu lenken und zu begleiten, den aufzuhalten bereits zu spät ist, der aber weniger technologische Veränderungen als einen Wandel im Denken bedingt? Für mich ist diese Trennung per se schon künstlicher und ich verwende mittlerweile in meinen Vorträgen und Workshops nur noch sehr ungern den Begriff der Work-Life Balance sondern bevorzuge das Konzept der Work-Life Integration, denn mein Leben endet nicht am Unternehmenseingang und beginnt erst wieder nach Feierabend. Ebenso wenig arbeite ich nur, wenn ich im Büro an meinem Schreibtisch sitze.

Im Gegenteil, die besten Ideen oder Lösungen für berufliche Probleme hatte ich oft schon in einem Kontext, den die meisten landläufig als "Freizeit" bezeichnen würden. Ich arbeite nicht um zu leben und lebe nicht, um zu arbeiten. Ich lebe, und Arbeit wie Freizeit sind integraler und wichtiger Bestandteil davon.

Die Zukunft der Arbeit. Alles Job?

Die aktuelle Ausgabe der Wochenzeitung "Die Zeit" titelte: [17] *Bloß nicht sitzen bleiben*, und meint damit ein Experiment einer schwäbischen Firma, in der im Kreativbereich die Mitarbeiter keine festen Arbeitsplätze mehr haben, sondern lediglich einen Rollboy, und sich den Arbeitsplatz aussuchen, der gerade frei ist und ihren Arbeitsanfordernissen am ehesten genügt.

Parallel titelt die Computerwoche: [18] Mitarbeitersuche nicht am Puls der Zeit. Schöne Träume, mochte man fast ausrufen, aber die Realität sieht doch anders aus. Da kommt mir doch gleich ein "Ja, aber" über die Lippen. Wenn ich mir ansehe, wie viele Menschen mittlerweile im Dienstleistungssektor arbeiten, wie oft die Tätigkeiten in einem Büro an einem Schreibtisch stattfinden, dann drängt sich mir schon die Frage auf. Muss das alles immer verbunden sein mit einer festen Arbeitszeit und einem festen Arbeitsort? Im Privaten sind wir doch längst, dank Smartphone und Computer mobiler denn je. Ich bin, wenn ich das will jederzeit und überall mit dem Internet verbunden, ich kann meine Kontakte online pflegen.

Und ganz ehrlich, gerade ich als Softwareentwickler bin dank Notebook und mobilem Internet eigentlich nicht mehr an einen bestimmten Ort gebunden, um Software zu entwickeln. Natürlich wird so etwas nicht schnell geschehen und wir werden uns neue gesellschaftliche Regeln definieren müssen, um nicht ständig nur noch für die Arbeit zu leben. Aber ich finde, eine Verschmelzung von Privat und Beruf kann auch vorteilhaft sein.

Ich kann arbeiten, wann ich Zeit dafür habe, wichtiger wird letztlich das Ergebnis sein. Hierarchien werden weniger wichtig werden, wenn mein "Chef" mich nicht

---

[17] http://www.zeit.de/2010/10/C-Zukunft-der-Arbeit
[18] http://www.computerwoche.de/karriere/karriere-gehalt/1931201/

mehr im Büro sieht, sondern die Arbeitsergebnisse als das, was meine Arbeit ausmacht.

Und wir werden, wenn wir es richtig machen, auch wieder mehr Zeit für Privates haben? Wie ich darauf komme? Nun, wenn ich selbstbestimmter arbeiten kann, kann ich auch selbstbestimmter meine Freizeit planen. Natürlich braucht es dazu die Disziplin, Nein zu sagen, wenn zu viele Arbeitsanforderungen kommen.

Aber das hat nichts mit der geregelten oder ungeregelten, der gleitenden oder der Vertrauensarbeitszeit zu tun. Das ist eine Frage der Selbstdisziplin. Und ich bin immer noch der Meinung: Wer behauptet, er trenne klar zwischen Beruf und Privatleben, der hat eines noch nicht erkannt: Ich bin nur eine Person, ich kann nicht in der Freizeit meinen Beruf komplett verdrängen und ebenso wenig im Beruf nur noch funktionierender Arbeitnehmer sein. Neue Arbeitsmodelle sind gefragt. Und vielleicht bringen neue Modelle auch die von so vielen erwartete Entschleunigung.

Wir dürfen uns neuen Arbeitskonzepten nicht verschließen, wir sollten uns aktiv beteiligen. Damit auch die Ideen der Arbeitnehmer einfließen und wir letztlich alle zufriedener im Beruf und im Privatleben sind.

Andererseits gilt für viele Menschen auch das Motto: Wir wissen, wie wir arbeiten wollen, dürfen es aber nicht. Denn wieder meldet sich eine Studie mit einem Bild der Arbeit der Zukunft. Nichts neues, was wir da lesen. Das haben wir schon öfter gehört. PricewaterhouseCoopers titelt: "Managing tomorrow's people: Future of work" so berichtet Silicon.de [19]. Na ja, das was dort drin steht, das ist doch eigentlich schon lange klar. Weniger Überstunden, mehr Wertorientierung, flexibleres ortsunabhängiges Arbeiten. Aber warum tun wir nichts? Nun, es sind

---

19 http://www.silicon.de/cio/strategie/0,39038989,41533680,00/arbeit+im+jahr+2020.htm

die bekannten Denkmuster, die eine Veränderung verhindern. Noch immer wird der Arbeitnehmer eher nach Anwesenheit denn nach Leistung bezahlt. Noch immer ist die visuelle Präsenz wichtiger als die Leistung. Und oftmals helfen die Gewerkschaften mit ihren überkommenen 9-17 Uhr Denkmodellen nicht wirklich weiter. Wenn ich als Softwareentwickler arbeite, dann arbeite ich an einem Problem und dessen Lösung. Und da geht es einfach manchmal nicht, mittendrin aufzuhören.

Was ich mir als Arbeitnehmer am meisten wünsche? Kreatives Arbeiten mit der Freiheit, effektiv zu sein und sich endlich vom effizienten Arbeiten zu verabschieden. Nicht mehr ausgelastet sein, sondern effektiv. Sich um die Produktion von Ergebnissen zu kümmern, anstelle nur die Mitarbeiter auszulasten. Und letztlich dank Social Media und Web 2.0, dank mobilem Internet und neuen Arbeitszeitmodellen wird es kommen, aber es wird dauern. Und die jetzigen Denkmodelle von Mitarbeiterführung werden verschwinden. Weil es die Hierarchien nicht mehr geben wird. Und das ist der eigentliche Hinderungsgrund. Die da oben wollen an ihren Positionen festhalten, auch wenn sie letztlich überflüssig werden. Es wird weniger eine Revolution der Arbeitswelt. Vielmehr eine langsame, dafür aber umso beständigere Evolution.

Und was auch immer wieder fälschlicherweise gerade von jenen angenommen wird, die kontrollieren und überwachen zu ihrem Berufskern zählen. 100% sind NICHT 100%:

Ein klassisches Beispiel für den Unterschied zwischen ergebnisorientierter und auslastungsorientierter Denkweise. Spricht mich doch ein Kollege an: Wie, du bist morgen auf einem anderen Workshop? Wir haben dich doch zu 100 % für unser Projekt. Ich war versucht zu sagen, ja und? Heißt das jetzt, wenn ich auf irgendein Ergebnis warte, um weiterarbeiten zu können, muss ich Däumchen drehend am Schreibtisch sitzen, weil ich ja zu 100 % dem Projekt gehöre? Dumm nur, dass ich ergebnisorientiert arbeite, und wenn ich in einer Projektaufgabe nicht weiterkomme, dann auch durchaus mal eine kleinere projektfremde Tätigkeit annehme. Wenn von einem schon unternehmerisches Denken gefordert wird, sollte man auch so handeln dürfen. Wir müssen uns endgültig von diesem irrsinnigen Auslastungsdenken verabschieden und wieder darauf hin arbeiten was wir eigentlich als Ergebnis wollen. Das erspart uns Kosten, Stress, Frustration und letztlich auch Fluktuation. Wenn ich selbstbestimmt, ohne den Druck von Zeiterfassung und Kostendruck arbeiten kann, arbeite ich effektiver (nicht effizienter, wer den Unterschied versteht, sei mir herzlich als moderner Arbeitnehmer willkommen).

Tut mir leid, das sagen zu müssen, aber bei der Entwicklung von neuen Produkten und bei der Erfindung neuer Algorithmen oder Vorgehensweisen kann ich nicht im Voraus sagen, das braucht jetzt exakt 5 Tage? Das ist Quatsch, der nur dazu dient, die Kostenrechnungstabellen zu füllen. Wenn ich Qualität will, dann ist das Produkt fertig, wenn es FERTIG ist, nicht wenn das Zeit/Kostenbudget zu Ende ist.....

So, wo ist mein Baldrian?

Wenn der Körper den Geist stoppt: Burn Out, Trendthema?

Ich wundere mich.

Nicht über den Burn Out als solchen. Den habe ich höchstpersönlich durchlebt und ich empfehle ihn niemandem. Es ist keine schöne Erfahrung. Aber es repositioniert einen auf eine sehr direkte und deutliche Art.

Was mich verwundert ist die Massivität, mit der plötzlich über dieses Phänomen in den Medien berichtet wird.

Woran liegt es, dass dieses Thema immer häufiger auftritt? Haben sich die Burn Out Opferzahlen erhöht?

Oder kann es sein, dass man einfach den Burn Out mittlerweile ernst nimmt? Ich denke, es ist eine Mischung. Die heutige Arbeitswelt ignoriert oft den Menschen und sieht nur das "Humankapital". Wo nur noch die Rendite im Fokus steht, verliert sich der Mensch.

Und Burn Out ist ein schleichender Prozess. Etwas, das meist die High Performer trifft. Also kann sich jeder so dumme Sprüche sparen wie, na, zu faul zu arbeiten? Meist entsteht ein Burn Out aus einer selbstgemachten Überforderung. Ich bin z.B. Informatiker. Aber nicht als Beruf, sondern als Berufung. Ich habe Freude an neuen Technologien. Ich probiere neues gerne aus, möchte mich beständig verbessern, andere Gebiete kennenlernen. Das an sich ist nichts Schlechtes. Aber ich bin auch Perfektionist. Entweder, ich mache etwas ganz, oder gar nicht.

Und genau hier liegt der Auslöser für meinen persönlichen Burn Out. Oder besser, er liegt knapp 7 Jahre zurück. Da hatte ich ein sehr unerquickliches Gespräch über mein Selbstbild versus das Fremdbild, das angeblich andere von mir hatten. Wie sich erst Jahre später herausgestellt hat, hat da wohl mit dem Fremdbild der einen Person, die mit mir dieses Gespräch führte, einiges nicht gestimmt.

Das schlimme war nur, dass damit der Kern dessen in Frage gestellt wurde, was mein Leben, meine Leidenschaft ausmacht. Mein Interesse an Informatik und neuen

Technologien. Letztendlich war es damals wohl eine Mischung aus Neid, Oberflächlichkeit und Ignoranz, aber das war der erste Riss, der mich in eine Burn Out Spirale trieb. Von da an war ich mit keiner meiner Leistungen mehr wirklich zufrieden. Ein erfolgreiches Projekt. Ach was, das wäre auch noch besser, schneller effizienter gelaufen? Eine neue Fähigkeit? Ja, aber nicht so perfekt, wie eigentlich geplant.

Das war dumm. Sicher, aber zu meinem Perfektionismus kam bislang auch die Unfähigkeit, "NEIN" zu sagen. So entstand eine selbstgemachte Spirale von Leistung, Unzufriedenheit und weiterer Mehrleistung.

Das Projekt, das meinen Zusammenbruch erleiden musste, konnte letzlich gar nichts dafür, es war nur der letzte Tropfen. Mein Körper wollte nicht mehr. Zusammenbruch. Blutdruck 190 zu 99. Gott sei Dank hatten wir in unserer Firma eine Betriebsärztin, die sich mit diesen Themen auskennt und die mich sofort nach Hause schickte und gleichzeitig zu einer Therapie verdonnerte. Das war ein Schock. Schon alleine, weil ich ja nicht krank war! Ich bin nicht verrückt (ist man mit Burn Out auch nicht, aber man sieht selbst seine Grenzen nicht mehr). Erst in langen Gesprächen wurde mir klar, dass ich mir hatte eine ganze Menge einreden lassen. Dass ich mich mittlerweile selbst viel schlechter sah, als ich eigentlich war und dass ich vor allem wieder Grenzen setzen musste in dem, was andere von mir fordern durften.

Was habe ich geändert? Ich habe endlich gelernt, nein zu sagen, nicht alles einfach anzunehmen und zu schlucken. Ich bin ab und zu auch mit 100 % zufrieden, nicht mit 120 % ;) (an den 80 % arbeite ich noch). Ich achte wieder zuerst auf mein Selbstbild, bevor ich mir andere Fremdbilder auf projizieren lasse.

Und ich gönne mir konsequente Auszeiten. Überstunden ja, aber nur wenn auch notwendig. ich stehe wieder zu meinen Interessen. Auch wenn man mich jetzt wieder mit "Geek" und "Gadget Freak" betitelt. Ich lebe Informatik und damit muss meine Umwelt halt leben. Auch dieser Blog ist quasi Teil der Therapie. Themen,

Fundstücke, die in meinem direkten Umfeld niemanden interessieren, die hinterlege ich hier.

Und ganz wichtig. Zuerst um sich selbst kümmern. Denn nur, wenn ich mit mir selbst im Reinen bin, kann ich auch meine Umwelt akzeptieren!

Und auch wichtig, auf die Symptome achten!

Ständig müde, permanent gehetzt, plötzlich vermehrte Gesundheitsprobleme. Erste Alarmsignale. Kommen dann noch Gereiztheit, aggressives Reagieren auf Kritik und ständige unbestimmbare Angst (oft existenzielle Angst) dazu, ist ein offenes Gespräch mit dem Arzt dringend angeraten. Ich hatte Glück und bin nicht körperlich komplett zusammengebrochen. Aber wenn es erst so weit ist. Dann fällt man richtig lange aus.

Aber eins darf man hier auch nicht vergessen. Burn Out ist keine Folge der neuen Technologien oder einer angeblichen Informationsüberflutung. Burn Out entsteht aus einem inneren und äußeren Leistungsdruck, den ich mir selbst auferlege. Technologie kann hier den Brandbeschleuniger darstellen, aber der eigentliche Grund liegt immer im eigenen oder fremden Fehlverhalten. Bei mir selbst, wenn ich zu perfektionistisch bin und nicht nein sagen kann und bei meiner Umwelt, wenn sie die Zeichen nicht erkennt oder gar das eigentlich falsche Verhalten noch fördert, da es ja eigentlich bis kurz vor dem Zusammenbruch ideal ist in unserer auf immer mehr, immer schneller, immer besser so ungeheuer fokussiert ist.

Entschärfen lässt sich das ganze unter anderem auch durch das Bewusstsein, dass wir in einer Zeit leben, in der Perfektion und allumfassendes Wissen so gut wie nicht mehr realisierbar sind.

Wir leben, gerade auch wissenschaftlich in einer Zeit, in der die Grenzen der einzelnen Disziplinen immer mehr verwischen, Hirnforscher sich mit Physikern unterhalten, Biologen mit Ärzten usw. Und auch im privaten wird es immer wichtiger, sich breiter zu informieren, um in einer immer komplexer werdenden Wettlauf dem Laufenden zu bleiben. Aber schafft man das alles überhaupt. Natürlich, denn nie hatten wir mehr Möglichkeiten und Werkzeuge an der Hand, um uns zu informieren, um Informationen zu bekommen, zu vergleichen und aufzubereiten. Wir können auf Datenbanken zugreifen, verschiedene Medien vergleichen.

Aber dafür wird unsere Jugend nicht vorbereitet. Es wird immer mehr der Fachidiot propagiert, der bereit ist für die Arbeitswelt, aber ansonsten kaum mehr Interessen hat, die nicht direkt zu Geld gemacht werden können.

Das ist gefährlich, denn singuläres, auf ein Thema bezogenes Wissen kann in unserer sich immer schneller verändernden Gesellschaft extrem schnell veralten. Und wer sich dann nicht auch auf anderen Gebieten zumindest grundlegend informiert hat, wird schnell "überflüssig" für das System. Und nur mit einer guten Bildung, nicht Ausbildung, kann man auch einschätzen, was Wahrheiten sind und was lediglich Fehlinformation oder Propaganda.

Der gebildete Bürger kann selbstständig entscheiden. der ausgebildete kann lediglich selbstständig seine Arbeit erfüllen. Hier sehe ich die große Chance der Social Media. Neben der reinen Spielerei der Verbreitung von Wissen zu dienen, Menschen Informationen bereitzustellen, sich über Themen auszutauschen, über Grenzen, Länder und Kontinente hinweg. Die Wirtschaft globalisiert sich immer mehr. Höchste Zeit, dass sich auch die Bürger, die Menschen immer mehr globalisieren. Und wir müssen auch diejenigen abholen, die noch nicht im Netz angekommen sind. Denn auch und gerade in Ländern der Dritten Welt oder Ländern mit unterdrückerischen Regimen ist Wissen, ist objektive, unzensierte Information das wichtigste Gut im Kampf gegen Propaganda, Unterdrückung und das absichtlich Dumm halten der Bevölkerung.

Wir können schon lange selbst im eigenen Fachgebiet nicht mehr alles erfassen. Es wird in Zukunft viel wichtiger sein, zu wissen, wo ich relevante Information finde, größere Zusammenhänge zu sehen, auch über den Tellerrand zu schauen. Alles Talente, die auch dem Renaissancemenschen gut zu Gesichte standen.

Auch das ist ein Teil einer gesellschaftlichen Prophylaxe gegen die allgegenwärtige Überforderung. Den Druck rausnehmen, Wissen „auslagern" und nicht mehr alles beherrschen und verstehen wollen, sondern nur noch selektiv das, was für das eigene Leben von Bedeutung ist. Den Rest finden wir mittlerweile binnen Sekunden, wenn wir nur die Möglichkeiten der neuen vernetzten Welt nutzen.

Der Arbeitgeber darf die Handynutzung am Arbeitsplatz verbieten. Aber sollte er das überhaupt?

DNews meldet: Arbeitgeber darf Handynutzung am Arbeitsplatz verbieten[20]. Ich gehe mal davon aus, dass hier jegliches private Telefonat verboten ist. Schön. Oder eher nicht. Unüberlegt. Denn zum einen zeigt mir als Arbeitnehmer mein Arbeitgeber damit, wo der Hammer hängt und was er von mir hält. Ich bin offensichtlich für ihn nur als Arbeitskraft etwas wert die 100 % ausgelastet nur für ihn da ist? Das macht zum einen die Arbeitsatmosphäre kaputt zum andern ist es auch kurz gedacht. Denn dann werden Mitarbeiter auch häufiger sofort zum Ende der Arbeitszeit nach Hause gehen, obwohl manch ein Thema mit einem!!kurzen!! Telefonat geregelt sein könnte.

Außerdem wandelt sich die heutige Arbeitswelt in Richtung einer Vermischung von Privat und Beruf. Sicher in bestimmten hochsensiblen Forschungsumfeldern verhindert so etwas in gewissem Masse Werkspionage. Aber wer dem Arbeitnehmer jegliches private bei der Arbeit verbietet, der wird vom Arbeitnehmer eben auch genau das zurückhalten. Nur noch Dienst nach Vorschrift, keine proaktiven Handlungen mehr, kein besonderes Engagement. Und das gerade in einem Altenpflegeheim, wo es auf Menschlichkeit ankommt. Passt aber ins momentane Bild, das wohl viele in Politik und Gesellschaft vom normalen Arbeitnehmer haben. Nur für den gesellschaftlichen Konsens und für eine gute (Arbeits-)atmosphäre ist so etwas schädlich. Ich erwarte nicht von meinem Arbeitgeber, dass er es gut findet, wenn ich jeden Tag ein bis zwei Stunden telefoniere. Aber ein generelles Verbot halte ich für kontraproduktiv. Mitarbeiter, die so etwas so ausnutzen, sollten disziplinarische Konsequenzen spüren. Aber ein pauschales Verbot erachte ich für

---
[20] http://www.dnews.de/nachrichten/wirtschaft/266500/arbeitgeber-darf-private-handynutzung-verbieten.html

nicht sinnvoll. Für mich ist und war schon immer klar, dass ich, wenn ich AUSNAHMSWEISE mal privat telefoniere mich auch EXTRA kurz fasse.

Jobsuche im Internet und Arbeit der Zukunft.

Jobsuche im Internet . Eine Sache, die älter ist, als mancher glaubt. Ich habe schon meinen ersten "richtigen" Job nach Studium und Forschungsstipendium anno 1996 via der damaligen Plattform jobpilot.de gefunden. Und auch für meinen aktuellen Arbeitgeber bin ich ins Netz um nach einer spannenden Stelle zu suchen. Was mich viel mehr beschäftigt. Während die meisten noch über die sozialen Netzwerke schimpfen und vor schnüffelnden Chefs warnen, die nach den sozialen Aktivitäten ihrer Mitarbeiter suchen, prognostiziere ich für die nahe Zukunft einen ganz anderen Aspekt. Wer nicht mehr im Netz gefunden wird, der ist als Arbeitnehmer bald nicht mehr attraktiv und präsent.

Denn es werden sich bald auch die Arbeitgeber deutlich mehr in den entsprechenden Portalen umtun. Xing wird an Bedeutung gewinnen, genauso wie Plattformen wie Facebook. Und da ist für mich weniger der Schnüffelaspekt wichtig als die Möglichkeit, bei weitem direkter nach potentiellen Kandidaten mit genau den passenden Skills zu suchen. In einer Arbeitswelt, die von immer größerem Fachkräftemangel geprägt sein wird, könnte das der Weg sein, auch gezielt Arbeitskräfte abzuwerben. Es wird also auch für die Arbeitgeber immer wichtiger, für die zukünftigen Arbeitnehmer, und das sind meist Digital Natives, attraktiv zu sein und zu bleiben. Und das bedingt zwangsläufig, dass sich die Unternehmen mit ihrem Auftritt in sozialen Netzwerken auseinandersetzen müssen und vor allem auch überdenken, was sie ihren Mitarbeitern erlauben. In einer Welt, in der jedes Smartphone und jeder Netbook always on sein kann, wird der Internetzugang der Firma immer irrelevanter. Da kann dann gesperrt sein,

so viel will, die Digital Natives gehen längst auf anderen Wegen online. Meiner festen Überzeugung nach müssen auch die Arbeitgeber ihre Einstellung zur "Arbeit" überdenken. Bezahlung nach dem Zeitprinzip 8 Stunden da, Gehalt für 8 Stunden wird bald abgelöst werden von einer Bezahlung, die den Fokus auf den Skill des Mitarbeiters und die Arbeitsergebnisse legt. Und spätestens dann wird es auch irrelevant, wo ich arbeite.

Open Source Arbeit der Zukunft

Die re:publica hat nicht nur einiges an frischen Informationen und neuen Erkenntnissen zum Leben eines Bloggers und den rechtlichen wie gesellschaftlichen Aspekten gebracht. Auch die Gespräche während und rund um das Lotus Jamcamp waren hoch spannend. Und mit einer Illusion muss ich gleich aufräumen. Freies Arbeiten, ohne die strengen Grenzen von festen Arbeitszeiten und ohne die totale Kontrolle des Zugangs zu Informationen im Netz ist in vielen Unternehmen und bei angestellten Wissensarbeitern schon längst angekommen. Teilnehmer, die von den Zensurmaßnahmen ihrer Unternehmen berichteten, um den Zugang der Mitarbeiter z.B. zu sozialen Netzen zu sperren, ernteten in der Mehrheit nur mitleidiges bis fassungsloses Kopfschütteln. Und ich spreche hier nicht von Freiberuflern.

Wir bewegen uns immer mehr auf eine Arbeitswelt zu, in der der Begriff Offenheit sich von den Tools, weg- und hin zur Art des Arbeitens bewegt. Da wird es im Positiven nicht mehr die starren Grenzen von Arbeit und Freizeit geben. Da wird es möglich sein, die Familie und den Beruf besser zu vereinen, weil es immer irrelevanter wird, wo ich arbeite und wann. Es wird das Ergebnis zählen. Heute sitzen viele Mitarbeiter im Unternehmen, obwohl sie dort lediglich den Schreibtisch nutzen, den sie genauso gut zu Hause haben könnten.

Meetings, die noch am selben Tag anberaumt werden, zeugen nicht von Organisationstalent oder Wichtigkeit, sondern lediglich von falsch verstandenem Ehrgeiz. Wenn die Flexibilität es mehr Menschen ermöglicht, die Balance zwischen Familie und Beruf zu finden, dann wird letztlich auch das Arbeitsergebnis besser.

Viele arbeiten längst in Tätigkeiten, die Kreativität erfordern, die gezeichnet sind von Phasen hoher Last und Flauten. Diese muss der normale Mitarbeiter aber meist permanent im Büro sitzend aushalten, durch Filter und Sperren von seinen sozialen Netzen, den Blogs anderer Wissensarbeiter und von vielen Informationen abgeschnitten.

Und letztlich ist die Sperrung des Webs eine Illusion, da durch die neuen Technologien wie Smartphones und UMTS Netbooks der Wissensarbeiter nicht mehr auf die Ressourcen des Unternehmens angewiesen ist, ja sie zum Teil bewusst umgehen wird, um an wichtige, die Arbeit erleichternde Informationen zu gelangen oder seine Netzwerke zu pflegen, die längst durchzogen sind von privaten Kontakten und beruflichen.

Der Arbeitnehmer bekommt durch die neuen Techniken für den Webzugang und für den Zugriff auf beruflich relevante Informationen weltweit auch ein Stück seiner Autonomie zurück.

Wer diesen neuen Weg, der auch durch die (Achtung Buzzword) Sozialen Medien bedingt ist, wer diesen Weg verschließt, erfährt über kurz oder lang, dass er sich damit in einen schlechtere Marktposition begibt, da er für Kunden zunehmend unmoderner, altbacken wirkt und für den Kampf um Talente wird das heißen, dass es solchen Unternehmen zunehmend schwerer fallen wird, hochbegabte, talentierte Mitarbeiter zu rekrutieren, da diese sich längst in den sozialen Netzen und neuen Medien breit gemacht haben. Und sie verlangen nach modernem, offenem Denken. Sozusagen nach Open Source Arbeit.

Denkt man das ganze nun noch etwas weiter, ist der Schritt zum Crowdsourcing nicht mehr weit Auch im Unternehmen muss man sich in Zukunft daran gewonnen, dass die normalen Hierarchien des Wissens zunehmend durch die neuen Technologien abgelöst werden. Jeder kann sich immer schneller informieren, Google und Wikipedia sind auf den meisten Smartphones verfügbar und somit kann der übliche "Fachexperte" im Unternehmen immer seltener mit Buzzwords einen Blumentopf gewinnen.

Schon heute sind die "unteren Etagen" der Unternehmen bereits besser informiert, als die in ihren Managementgeschwängerten Führungsetagen beheimateten Zahlenverwalter (Manager). Wenn ich als Mitarbeiter bereits Folien vereinfachen muss, damit sie mein Vorgesetzter versteht, dann ist in Zeiten des Crowdsourcing der Weg nicht mehr weit zum kompletten Umgehen der Verwaltungsebenen. Warum? Der große Vorteil ist die Beschleunigung.

Heutzutage ist man als Entwickler und "einfacher Mitarbeiter" oft mehr damit beschäftigt, verschiedenste Exceltabellen und Zahlengräber fürs Management zu produzieren, als wirklich zu arbeiten. Wenn hinter mir dauernd jemand steht, der für die Softwareentwicklung die vor mir liegt wissen will, wie viele PT ich dafür brauche, möchte ich ihm am liebsten zurufen. "So viele bis ich fertig bin, stupid." Es gibt nun mal keine festen Zahlen für die Aufwände zur Entwicklung von etwas neuem. Und wer glaubt, mit immer mehr Kontrolle und Überwachung der Mitarbeiter, wird man besser, wird früher oder später erleben, wie sich gerade die besten Köpfe nach anderen Tätigkeiten umsehen. Früher war es leicht, als Management von oben herab zu agieren, heute ist das Wissen in der Crowd und wer das ignoriert, verliert.

Der Experte von heute muss vor allem auf das Wissen der vielen reagieren und den Katalysator bilden. Denn er ist längst nicht mehr der Inhaber des technischen Wissens. Er ist vielmehr der Verwalter und Koordinator geworden.

Warum die Arbeitsmarktdiskussion am Problem vorbei geht

Toll, die einen fordern "Begrüßungsgeld" für Einwanderer, die anderen, dass erst auf das "heimische Potential zurückgegriffen wird" [21]. Für mich gehen beide Diskussionen an der Realität vorbei. Wir leben längst in einer Wissensgesellschaft, wir sollten längst über andere Arbeitsmodelle nachdenken. Und wir müssen zwingend die Bildung, nicht die Ausbildung wieder in den Vordergrund stellen. Wer nur für den Arbeitsmarkt ausbildet, erzeugt Fachidioten mit Tunnelblick, die so lange gefragt sind, so lange ihr Spezialistenwissen gefragt ist. Was aber, wenn sich die Technik, die Aufgabe ändert, wenn sie gar abgelöst wird. Dann haben es solche ausgebildeten Arbeitskräfte sehr schwer, da für sie eine neue Ausbildung quasi einen Beginn bei null bedeutet. Schließlich haben sie kaum über den Tellerrand hinausgeblickt.

Insofern begrüße ich sehr den Entschluss führender deutscher Universitäten, wieder zum Diplom, dem nach meinem Eindruck breiter gefassten und mehr an Bildungszielen orientierten Abschluss zurückzukehren, statt den verschulten Arbeitsmarktbachelor anzubieten. Beim Diplom werden die Einser Kandidaten aus den Gymnasien zwar wieder rudern müssen, weil ihnen nicht bis in die letzte Buchbesprechung gesagt wird, was sie lernen sollen, aber es wird wieder ein breiteres, flexibleres Wissen angeboten. Gute Bildung BRAUCHT Zeit und in einer alternden Gesellschaft, in der man auch im "höheren" Alter durchaus noch als Wissensarbeiter voll leistungsfähig sein kann, ist eine Diskussion um 1 Jahr früher oder später auf dem Arbeitsmarkt geradezu lächerlich. (Außerdem leben ja ganze Medienzweige von ihren Praktikanten ;)) Wir sollten von einigen überkommenen Denkmodellen wegkommen, wir müssen uns wieder verstärkt um Bildung, statt nur um Ausbildung kümmern (wenn auch für den einfach denkenden Arbeitgeber der

---

21 http://www.tagesschau.de/inland/fachkraefte100.html

stille, brave, nicht querdenkende Arbeitnehmer die bessere Humanressource sein mag), in Zeiten des Wandels müssen wir alle flexibler agieren können, das gilt sowohl für die Arbeitszeit, als auch für die Art der Arbeit. So lange ich noch mit Begriffen wie überqualifiziert, oder 9-17 Uhr Bürojob um mich werfe, haben wir nix begriffen.

Meine Vision, Arbeit und Privat werden im positiven immer mehr verschmelzen, ich biete mich mit meinen Talenten, auch denen, die ich mir später selbst angeeignet habe meinen Auftraggebern an, auch wenn ich festangestellt arbeite. Und Arbeit ist nicht mehr an Zeiten oder Arbeitsplätze gefesselt, sondern orientiert sich an dem zu erreichenden Ziel. Wir arbeiten schon heute in Teams, die ein gemeinsames Ziel erreichen müssen.

Und dieser Trend wird sich noch verschärfen, wenn er letztlich auch globalisiert wird. Spätestens dann wird es zwingend nötig, überkommene Arbeitsmodelle neu zu denken. Ich habe eine ehemalige Studienkollegin, die bei Microsoft in Seattle im mittleren Management arbeitet. Als ich sie gefragt habe, wie ihr Arbeitszeitmodell aussieht, war ihre lakonische Antwort. Die Firma ist immer offen. Und das ist ja klar, wenn ich international arbeite. Die Welt schläft nie. Was wichtig wird ist immer mehr. Ich muss Herr über meine Zeiteinteilung werden. Und ich muss auch bereit sein, die Verantwortung für ein Nein zu übernehmen oder aktiv offline sein. Es ist ein Geben und Nehmen. Auf beiden Seiten. Kurzupdate: Es scheinen noch andere zu merken, dass wir hier Spiegelfechtereien beobachten. "Arbeitsmarktexperte Gerhard Bosch im Interview mit tagesschau.de"[22]

---

[22] http://www.tagesschau.de/wirtschaft/interviewbosch100.html

Die Inflation der Experten und die Intelligenz der Masse

Immer häufiger tauchen in letzter Zeit in Medien und Zeitungen sogenannte Experten auf, die eigentlich gar keine sind. Da wird der Softwareentwickler im Web Bereich plötzlich zum Social Media Experten. Der Manager einer Entwicklergruppe von Sicherheitssoftware zum Security Experten und jeder Journalist, der auch nur mal einen Artikel zu einem sozialen oder politischen Thema geschrieben hat zum Experten für das Thema seines Artikels. Waren es nicht auch Experten, die uns in die Bankenkrise befördert haben? Und wurde die Regierung nicht bei ihren Maßnahmen zur Schweinegrippe, zur Bankenkrise, zur Vulkanasche von Experten beraten? Sogenannte Experten erklären uns heute, dass Kaffee schädlich ist, morgen aber plötzlich gesundheitlich unbedenklich. Sie propagieren zum Teil wirklich dumme Diäten, erklären uns, warum wir dies tun oder das lassen sollen.

Aber alleine schon die pure Menge an oft selbsternannten Experten lässt für mich das ganze lächerlich erscheinen. Ich habe aber entdeckt, dass auch hier das Netz ein wunderbares Korrektiv sein kann. Denn es gibt immer auch Menschen, die die Ratschläge nicht nur geben, sondern auch anwenden. Und dort trennt sich die Spreu sehr schnell vom Weizen. Auch das könnte ein Grund für die vielen lauten Proteste aus bestimmten "Hierarchieebenen" sein. Der Experte wird durch die Intelligenz der Masse in immer mehr Bereichen von seinem Thron geholt und ins rechte Licht gerückt. Daher denke ich auch, dass wir über kurz oder lang ein Berufsbild wiederentdecken werden, das zu Beginn der Informationslawine bereits bekannt war; das des Information-Brokers.

Wissen ist Macht. Diese Erkenntnis ist schon sehr alt (genau genommen knapp 500 Jahre, ursprünglich geprägt durch den englischen Philosophen Francis Bacon (1561{1626)). Und in Zeiten von Social Media, Multikanalinformationen, Blogs,

Wikis und Online Streaming ist nicht mehr nur Wissen Macht, sondern auch das richtige, das sinnvoll gefilterte Wissen. Als technophiler Mensch, der ich nun mal sehr zum Leidwesen mancher Technophobiker in meinem Umfeld bin, muss ich ja nicht mehr erwähnen, dass ich nicht den ganzen Tag online bin, wohl aber meine Computer sehr oft. Sie suchen für mich Informationen aus Streams, Tweets, Blogs und fassen zusammen, sortieren, strukturieren. Gute Tools die ich dafür habe sind unter anderem TwitterTim.es, Feedly in Kombination mit Google Reader, Newsmap, Tabbloid (letzteres lass ich mir jeweils einmal am Tag generieren und lasse es automatisch auf meinen eBookReader als PDF aktualisieren, das ist wirklich eine Tageszeitung, die aus Quellen wie ZEIT, Spiegel, Sueddeutsche und einigen Technikmagazinen beliefert wird) . Damit erzeuge ich mir quasi allmorgendlich meine ganz spezielle, sehr eigene Tageszeitung. Aber was mache ich, wenn ich nicht technikaffin bin? Wenn ich die vielen Filter und Tools nicht kenne?

Ich sehe die Chance einer Wiederbelebung des schon in den Neunzigern propagierten Information Brokers, also eines Menschen, der für die Filterung, Strukturierung, Aufbereitung von Informationen zu relevanten Themen bezahlt wird. Denn wir haben immer mehr Kanäle zur Verfügung, die auch durch immer mehr Alltagsmüll gefiltert werden (insofern gebe ich dir recht Heiko ;) aber wir werden auch immer mehr Informationen direkt aus dem Medium Internet beziehen, denn dort sind die Quellen weiter gestreut, dort ist auch der Vergleich einfacher und es gibt die Chance eines Crowdsourcing. . Es wird viele Quellen geben, die ihren Informationsanteil dazu beitragen, und die Bewertung, Sortierung und Filterung geschieht immer mehr durch das Netz.

Und hier kann auch der Informationbroker neu belebt werden. Als Kontrollinstanz, als Online Redakteur für Unternehmen, Abteilungen, die Politik und die Wirtschaft. Spezifisch mit einer Fragestellung beauftragt wird er alle Kanäle nutzen, um dezidierte Exposés für bestimmte Fragestellungen aufzubereiten.

Ob er Informationbroker heißen wird? Ich weiß es nicht, aber er wird wiederkommen. Schon heute kenne ich in vielen Unternehmen Persönlichkeiten, die sich aktiver als andere mit dem Filtern von Informationen und der Aufbereitung befassen. Bislang quasi noch für sich und ihr Team, aber dies könnte ein Talent werden, das in Zukunft von viel mehr Menschen gebraucht wird.

Das Bild vom Wissenschaftler und warum wir normale Menschen sind

Eine schöne Geschichte habe ich bei Astrodicticum Simplex entdeckt: Kinder stellen fest: Wissenschaftler sind ganz normale Menschen[23] Dort wird berichtet, dass Kinder die Wissenschaftler am Fermilab besuchen durften und über ihr Bild vom Wissenschaftler zuvor und danach befragt wurden. Schöne Geschichten, die da herauskamen. Als Wissenschaftler finde ich das schon deshalb amüsant, weil viele in meinem Umfeld gar nicht wissen, dass ich Wissenschaftler bin, bzw. denken, als Wissenschaftler müsste man an einer Universität oder einem Labor arbeiten. Wissenschaftler zu sein, ist aber vielmehr eine Geisteshaltung, eine Einstellung zum Leben. Es beinhaltet die Lust Fragen zu stellen, nach Antworten zu suchen, sich selbst und seine Arbeit immer wieder zu hinterfragen.

Es bedingt, dass man offen ist für neue Ansichten, dass man Freude an Wissen und Fakten hat. Schon deshalb bin ich auch Skeptiker, weil wir heute in einer Zeit leben, in der erstaunlicherweise Technophobie und der Glaube an esoterische Pseudowissenschaftler noch erschreckend weit verbreitet ist. Ein Wissenschaftler ist jemand, der Wissen schafft. Der sich nicht mit Halbwahrheiten und Pseudowissen abgibt. Insofern sind wir schon etwas anders, wir wollen die Wahrheit wissen, auch wenn es unangenehm sein kann.

Allerdings gebe ich zu, dass es schwieriger sein kann, einen Wissenschaftler in einem "normalen Unternehmen" zu beschäftigen. Dort zählt der Status Quo, dort geht es eher um Macht und Kontrolle und wer da zu viel fragt, fällt eher negativ auf. Da muss man als wissenschaftlich denkender Mensch so seine Strategien entwickeln.

---

23 http://scienceblogs.de/astrodicticum-simplex/2010/06/25/kinder-finden-heraus-wissenschaftler-sind-ganz-normale-menschen/

Hier gilt für mich: "There are two kinds of people, those who do the work and those who take the credit. Try to be in the firrst group; there is less competition there." (Indira Gandhi) Ich fühle mich in der "do the work" Kategorie mittlerweile sehr wohl. Und wissenschaftlich arbeite ich dann halt eher in meiner "Freizeit". Aber ganz wichtig. Wissenschaftler sein ist eher eine Geisteshaltung denn eine Berufsbezeichnung.

Fortschritt, gerade auch wissenschaftlicher Fortschritt ist nicht Technik sondern Einstellung Viele scheinen dem Irrtum zu obliegen, ich führe eine neue Technik (sei sie abstrakt, als Managementtechnik, oder wirklich ein Stück "Hardware) ein das klappt schon und wundern sich, warum dennoch nichts besser, nichts anders wird. Der Denkfehler liegt darin, dass Neuerungen meist zum Selbstzweck verkommen. Wenn ich nur Methode a oder Hardware/Software b anwende, wird alles besser. Falsch: Aber verständlich... So funktionieren ja auch die meisten Ratgeber und Berater. Hier wird aber das Pferd von hinten aufgezäumt. Viel wichtiger, als die neue Technik ist die Einstellung derer dazu, die sie später anwenden sollen/müssen. Erst muss man die Zielgruppe ins Boot holen und wirklich analysieren, ob sie die neue Technik annehmen wird. Sonst heißt es irgendwann. War eine gute Idee. Nutzt aber keiner... Abschalten.
Manchmal versickern tolle Ideen einfach dadurch, dass sie niemand von den Anwendern akzeptiert oder gut findet. Erst heißt es die späteren Anwender ins Boot holen, dann kann man sich auf die Entwicklung der Neuerung stürzen. Leider passiert es oft umgekehrt, weil man selbst davon ausgeht, ich weiß schon, was gut für die Kunden /Mitarbeiter ist. FALSCH. Das ist das Fremdbild vom Anwender. Man sollte sich immer mehr auf das Selbstbild des Anwenders verlassen und ihn oder sie fragen, was sie erwartet, was besser werden soll.

Und genau das findet oft in der Wissenschaft statt, nachdem etwas entdeckt wurde, wird auch der Nutzen bewertet, wird die Relevanz geprüft. Warum dann aber vielfach Fehlentwicklungen in der weiteren Entwicklung wissenschaftlicher Erkenntnisse entstehen liegt häufig an zu großer auch medialer Vereinfachung oder einfach am Unwillen, sich auch nach der Entdeckung wissenschaftlich damit auseinanderzusetzen, wenn es um die Integration in den Alltag der Menschen geht. Dort übernehmen oft statt der Ingenieure und Forscher die Manager und Marketingexperten die Führung, denen es nicht um den Nutzen für den Kunden sondern den Profit für das Unternehmen geht.

Unternehmen und Social Media. Ein paar persönliche Thesen

Im Nachklang zur re:publica hier meine Thesen zum richtigen Umgang von Unternehmen mit den neuen Sozialen Medien. Danke auch an alle Teilnehmer des Lotus JamCamp für den Erfahrungsaustausch aus Sicht des "Business".

a) Social Media bedingt Ehrlichkeit. Es gibt keine Hierarchie mehr zwischen dem Unternehmen "Da oben" und dem Kunden da unten.

b) Social Media darf nicht nur nach außen hin angeboten werden, sondern muss auch IM Unternehmen gelebt werden (re:publica Lotus Jamcamp)

c) Wer Social Media als Unternehmen ernst nimmt, muss mit Kritik von Seiten der Kunden ernsthaft und offen umgehen. Kritische Stimmen zu sperren oder zu verklagen führt sehr schnell zum sogenannten "Streisand Effekt"[24].

d) Social Media Postings können nicht als abgestimmte Marketingaussagen in den Plattformen erscheinen.

Es muss eine Kultur der Offenheit sein. Werbebotschaften in Twitter oder Facebook schlagen sehr schnell um ins Gegenteil (Siehe z.B. die letzten Ereignisse rund um Herrn Grupp von Trigema)

---

24 http://de.wikipedia.org/wiki/Streisand-Effekt

e) In den Social Media gilt der Titel nichts, die Reputation wird durch die Postings definiert. Erst, wenn die Qualität die Community überzeugt, kann Vertrauen aufgebaut werden.

f) Es braucht einen Code of Conduct bzw. einen Codex für die Mitarbeiter, die sich während ihrer Tätigkeit im Social Media Umfeld bewegen. Sperren sind zu vermeiden, es gilt, als Firma auch über die Mitarbeiter in den Social Media in Erscheinung zu treten. Hierfür sind entsprechende Handlungsanweisungen zu definieren.

g) Es gibt nicht die Digital Natives unter 30 und den "Rest" sondern die Digital Residents also diejenigen, die unabhängig von ihrem Alter in und mit den Social Media Plattformen leben und die Digital Visitors, für die das alles "Spielzeug" ist. Beide Gruppen sind disjunkt und können nur auf emotionaler Ebene diskutieren.

h) Die nachwachsende Generation erwartet zwingend Engagement im Bereich der Web2.0 Technologien und ebenfalls, diese auch an ihrem Arbeitsplatz nutzen zu können. Bzw. sie nutzt diese Technologien vermehrt, da unabhängig von Firmenfirewalls und Filtersystemen die Smartphones der aktuellen Generation Zugang zu allen Social Media Netzwerken ermöglichen.

Wir sind als Privatleute schon längst da, wo die Unternehmen fehlen.

i) Der moderne Kunde ist immer weniger an ein Unternehmen gebunden. Viele Kunden tauchen in ihren Unternehmen schon lange nicht mehr auf, da sie alles online erledigen. Dieser Trend wird sich in den nächsten Jahren noch massiv verstärken. Unternehmen können hier nur Schritt halten, in dem sie in adäquater Weise in den modernen Medien präsent sind.

Das Netz macht Unternehmen ehrlicher oder lässt sie verschwinden.

Ja, ich weiß, diese These klingt provokant. Aber es gibt einige sehr schöne Beispiele aus jüngster Vergangenheit, die meine These untermauern. Zum einen war da die Präsentation des WePad, jetzt WeTab, das ja in der ersten Inkarnation noch ein Windows 7 OS trug, auf dem per Player nur ein Film der GUI gezeigt wurde. Dies fanden aber aufmerksame Blogger heraus, so dass sich das Unternehmen sehr schnell zu einer Stellungnahme genötigt sah. Man sieht, es wird genauer hingesehen und eine breitere Masse von Bloggern recherchiert. Ähnlich erging es vor kurzem auch dem WDR[25] mit seinem Bericht "Heilung unerwünscht" über ein vermeintliches Neurodermitismittel. Schon nach kurzer Zeit kursierten im Netz, auf Twitter und verschiedenen Blogs tiefergehende Informationen, die sowohl die Recherche als auch den Bericht und den Hersteller an sich in einem weitaus schlechteren Licht dastehen ließen, als ursprünglich angenommen.

Was ist nun der Unterschied zur vor Web 2.0 Ära. Früher war das Mittel der Wahl, wenn es um falsche Informationen oder Verleumdung ging die Gegendarstellung. Eine bekannte... Ich nenne sie mal "Zeitung" mit vier großen Buchstaben war darin quasi Marktführer. Problem dabei: Die Gegendarstellung war meist klein auf einer der hinteren Seiten mit der Lupe zu finden. Heute ist das gesamte Netz das Korrektiv.

Fällt einem Blogger ein Fehler in einem Bericht, einem Artikel oder bei einem Posting auf, so kann er dies sehr einfach und direkt, sei es über ein eigenes Blog, ein Forum oder Twitter kundtun.

---

25 http://www.wdr.de/themen/gesundheit/krankheit/neurodermitis/index.jhtml

Und durch die Verifikation der Angaben durch andere Blogger oder Twitterer lässt sich das Wissen der Masse als Korrektiv nutzen. Als Unternehmen bin ich nicht mehr länger Hüter der Informationshoheit sondern sehe mich mit dem Netz auf derselben Ebene konfrontiert. Auch Berater und der Außendienst von Unternehmen muss sich heute immer mehr damit auseinandersetzen, dass längst auch außerhalb ihrer Kontrolle der Kunde sich informiert oder auch durch andere informiert wird.

Wenn ich mich heute für ein Produkt oder einen Vertrag interessiere, ist für mich der Angestellte des Unternehmens oft nur noch der Erfüllungsgehilfe, der mir die Ware beschafft. Was ich haben will, das habe ich schon längst im Netz recherchiert. Nun mag der eine oder andere behaupten, das machen nur wenige, die Mehrheit ist immer noch eher offline. Das stimmt so aber schon länger nicht mehr. Das Durchschnittsalter der Netzuser steigt, es gibt längst eher die Grenze zwischen Digital residents und visitors denn zwischen Natives und Immigrants (Peter Kruse: re:publica[26]).

Das Netz wird immer mehr zum Alltagswerkzeug, so wie es schon mit dem Telefon, dem Mobiltelefon und auch dem Computer geschehen ist. Der Faktor wird Netz wird immer bedeutender und die Produkt- und Markentreue weicht immer häufiger einer immer währenden Suche nach dem besten Produkt, dem nächsten guten Tipp. Und dieser Tipp kommt nicht mehr vom Berater oder der Werbung. Dass Werbung lügt wissen heutzutage wohl außer den Mitarbeitern der Agenturen (obwohl, die ja wohl am besten) die meisten Menschen. Da ist das Vertrauen in die eigene Web 2.0 Community deutlich größer. Und selbst wenn ein Unternehmen im Web 2.0 aktiv wird, so muss es sich dort erst wieder eine ganz eigene neue Reputation erarbeiten. Einfach in Erscheinung treten und auf "die Marke" vertrauen

---

26 http://re-publica.de/10/2010/04/15/peter-kruse-ist-die-nutzung-des-internets-eine-glaubensfrage/

funktioniert im Web 2.0 nicht. Dort steht jeder auf dem Prüfstand. Und nur wer ehrlich und offen agiert, seine Stärken zwar zeigt, aber auch auf seine Schwächen eingeht und Kritik ernst nimmt statt sie mit Anwälten weg zu klagen wird auf Dauer auch im neuen globalisierten Markt bestehen können

Warum Kontrolle krank macht und unsere Kultur eine (noch?) kranke ist

Kontrolle statt Vertrauen: Schlechte Führung macht Mitarbeiter krank[27]. So zu lesen in der Computerwoche. Aber ist das wirklich eine neue Erkenntnis? Schon Gunter Dueck wies in seinen Büchern über "Lean Brain Management" und "E-Man" darauf hin.

Sobald ich Menschen ob ihrer Leistung überwache tun sie genau, was von ihnen verlangt wird. Aber auch nicht mehr, da sie ja nicht einschätzen können, ob das gewollt ist. Und in Berufen, die von Kreativität und Innovation leben, speziell auch in der IT ist solch eine Kontrolle tödlich für die Motivation der Mitarbeiter.

Sobald ich keine Freiheitsgrade mehr habe, werde ich unkreativ, da ich mehr damit befasst bin, mich entweder den Kontrollen zu entziehen oder sie bis aufs letzte BIT einzuhalten. Das zielt in die Richtung, die ich schon seit längerem vorhersage, dass in ganzen Berufsgruppen das Arbeiten nach einem festen Zeitschema für das auch bezahlt wird ein Ende haben wird.

Es wird abgelöst durch eine zielorientierte Bezahlung, bei der die auf das Ergebnis verwendete Zeit irrelevant wird. Und ich halte dieses Vorgehen für gerechter. Schon deshalb, weil dann nicht mehr die Geschwindigkeit oder die "Auslastung" der Ressource Mensch zählt, sondern das erzielte Ergebnis: Oder wie Gunter Dueck es formulierte. "Irgendwann hat man in der Autoindustrie aufgehört, dafür zu sorgen, dass die Maschinen ausgelastet waren und sich darum gekümmert, dass hinten auch gute Autos rauskommen."

---

27 http://www.computerwoche.de/karriere/karriere-gehalt/1938054/

Hurra ich kauf mir was.... Das kein Mensch braucht

Im sehr empfehlenswerten Buch (ja, das Buch, nicht das eBook!) von Ben Goldacre : Die Wissenschaftslüge: Wie uns Pseudo-Wissenschaftler das Leben schwer machen[28] . Handelt ein interessantes Kapitel von Antioxidantien,und wie eine ganze (Nahrungsergänzungsmittel-)industrie, oder besser gesagt, die gleichen Konzerne, die auch an vielen Medikamenten sehr gut verdienen, mit der Unwissenheit und Leichtgläubigkeit der Menschen gute Geschäfte macht. Obwohl aktuelle WISSENSCHAFTLICHE Studien längst erwiesen haben, dass hohe Dosen von Antioxidantien und Vitaminen sogar Erkrankungsquoten erhöhen wird der Müll immer noch beworben und verkauft. Unterstützt von pseudowissenschaftlichen Halbwahrheiten die auch für solche Idiotien wie die Impfmüdigkeit oder die Angst vor Funkstrahlen verantwortlich ist.

Aber warum fällt der Mensch darauf rein. Das liegt wie so oft an einer Mischung aus Halbwissen und der Angst vor gesellschaftlichem Druck. Zum einen vertrauen immer noch viel zu viele Menschen jedem Artikel, der in der Zeitung steht. Das hat für mich als Blogger eine gewisse Ironie. Zum anderen lassen wir uns durch gesellschaftlichen Druck vieles einreden. Dass wir diese und jene Markenkleidung brauchen oder nur dieses oder jenes Auto uns glücklich macht, ist zwar dumm, aber im Verhältnis zu den Lügen um gesunde Ernährung relativ unschädlich (außer für die Umwelt und für die Menschen, die in Billiglohnländern schuften müssen, damit wir uns all den Müll möglichst billig kaufen können). Wenn aber eine Industrie nachweislich schädliche Produkte verkauft, oder Patente auf Lebensmittel anmelden will, und damit die Kontrolle über unsere Ernährung erhält, da hört für mich der Spaß auf.

---

28 ISBN 3596185106 , erschienen im Fischerverlag

Wir sollten uns wieder bewusst machen, dass die Natur ein herausragendes System entwickelt hat, das mit vielen Situationen zurechtkommt. Und dass wir in Europa in einer extremen Überflussgesellschaft leben, in der wir nun wirklich ALLES haben, was wir zum sehr guten Überleben brauchen). Das schlimme ist, dass die Dummheit oft in den oberen Etagen von Konzernen und Medien sitzt. Oder ist es Gier? Wir sollten uns immer klar sein. Die Wirtschaft ist nicht da, um uns das Leben zu erleichtern, das war einmal. Heute reden wir zum größten Teil von internationalen Aktienkonzernen. Und denen geht es um die Rendite. Wenn der Kunde ihnen Geld geben würde, ohne überhaupt ein Produkt zu bekommen, dann wären sie am glücklichsten.

Warum z.B. ist ein E-Book gleich teuer wie das gedruckte Buch. Ich bekomme keinen physikalischen Gegenwert, muss aber den gleichen Preis zahlen. Das ist für mich eine überkommene Vorschrift, oder schlicht, eine Frechheit. Aber letztlich nichts im Vergleich zu Unternehmen, die mir weiß machen wollen, eine gezuckerter viel zu fetter Joghurt stärke die Abwehrkräfte meiner Kinder oder um gesund zu bleiben bräuchte ich irgendwelche überflüssigen Vitaminpräparate. Und auch für die Haut braucht es wenn überhaupt eine einfache Fettcreme. Alles andere ist nach allen wissenschaftlich durchgeführten Studien Blödsinn. Die Haut ist dazu da, den Körper vor Umwelteinflüssen zu schützen. Glaubt jemand ernsthaft, dass dann Pflanzenstoff e, die ich mir auf die Haut schmiere, da etwas bewirken? Das ist reinste Propaganda und durch nichts belegt. Wer mir nicht glaubt, dem lege ich sehr Ben Goldacres Buch ans Herz. Hierin wird nicht beschrieben, dass die Wissenschaft lügt, sondern dass uns ein Heer unwissender Pseudowissenschaftler mit Halbwissen zum Teil in Lebensgefahr bringt. Und wer sich noch genauer informieren will, der sollte sich mal den "Skeptiker", die Zeitschrift der GWUP- der "Gesellschaft zur Wissenschaftlichen Untersuchung von Parawissenschaften" ansehen. Nicht immer einfach, was dort offengelegt wird aber wissenschaftlich fundierter als jeder Artikel in der Tagespresse.

Und Wissenschaft aus erster Hand gibt's bei "Spektrum der Wissenschaft" und deren interessanter Homepage. Denn auch ich gebe Geld aus, aber ich investiere es gerne in Dinge, die mich auch intellektuell etwas weiter bringen als das meist leider doch sehr dumme Fernsehprogramm oder die Halbwahrheiten aus der Tagespresse.

Web 2.0 und das Ende des Überwachungswahns der Arbeitgeber
"Wenn ihr uns nicht traut, trauen wir euch auch nicht"

Es titelte die "Computerzeitung" Erste Gehversuche mit der Generation Y [29]" Angeblich schätzen Arbeitgeber die nach 1980 Geborenen dergestalt ein, dass sie flexiblere Arbeitszeiten und Zugriff auf neueste Technologien fordern. Aber wieso eigentlich nur die nach 1980 geborenen. Das erwarte gerade ich als Informatiker für jeden, der in oder mit den Technologien des 21 Jahrhunderts arbeitet. Aber hier zeigt sich auch wieder die kognitive Dissonanz der Arbeitgeber. Zwar glauben sie vermutlich diesen Thesen, doch sind die wenigsten bereit, sie auch in der Realität bereitzustellen. Aber das wird die nachfolgenden Generationen irgendwann nicht mehr interessieren.

Umso mehr die neuen Technologien wie Cloud Computing und Mobile Computing auch im privaten Bereich erschwinglich werden umso weniger interessiert den Arbeitnehmer, was sein Arbeitgeber ihm zur Verfügung stellt. Er wird auf eigene Initiative ohne die Zensurfilter der Arbeitgeber ins Netz gehen, sei es mit IPad oder Smartphone, mit Netbook oder Notebook.

Eines verkennen die Arbeitgeber nämlich immer noch. Die Macht des Arbeitnehmers in seiner Rolle als Konsument.

Vieles geschieht außerhalb des Kontrollbereichs der Unternehmen. Und der Mensch ist letztlich kein Homo Oeconomicus. Ihm geht es vielmehr um die Möglichkeit, frei und selbst zu entscheiden und sich sein Leben nach den eigenen Wünschen und Hoffnungen zu gestalten. Und wenn das Unternehmen da nicht mitzieht, bleibt es in Zukunft bei der Kommunikation der Arbeitnehmer immer mehr außen vor. Schon heute knüpfe ich viele Kontakte, erfahre viel über die neuesten Technologien durch

---

29 http://www.computerwoche.de/karriere/hp-young-professional/1937467/

meine sozialen Netzwerke. Und diesen Zugang habe ich über ein Smartphone, weil leider viel zu oft genau die Informationen gesperrt sind, die ich für eine aktuelle Problemstellung brauche.

Und durch die immer tiefere Durchdringung des Internets in den Alltag speziell der Generation Y bilden sich viele Netze, auch beruflicher Art immer mehr außerhalb der IT Infrastruktur der Unternehmen. Die Diskussion, wie man die ganzen Smartphones ins Intranet integriert, ist längst obsolet, da immer mehr Menschen solche Smartphones auch privat nutzen. Damit haben sie aber permanent und überall das gesamte Internet, unzens.. aeh ungefiltert bei sich. Insofern sind viele Diskussionen in Firmen überflüssig, was denn der brave rund um die Uhr arbeitende, als Unternehmer agieren sollende Mitarbeiter sehen darf und was nicht. Wenn er es nicht im Internet am Arbeitsplatz sehen darf, dann wird schnell das Smartphone gezückt.
Gut, man könnte den Empfang stören. Das ist aber nicht nur rechtlich bedenklich. Denn schon die Sperrung von Teilen des Netzes für die Mitarbeiter zeugt von einem tiefen Misstrauen. Und in solch einer Atmosphäre kann keine offene, vertrauensvolle Kommunikation entstehen. Wer mich auf diese Art kontrolliert, der vertraut mir nicht, und dem vertraue ich auch nicht. Also werde ich mich von dessen Netz abkoppeln. Schon deshalb, weil ich als Wissensarbeiter auf freien Zugang zu Informationen angewiesen bin. Je mehr ich kontrolliert werde, umso mehr verhalte ich mich kontrolliert. Und das ist der Tod von Kreativität, Engagement und Motivation. Ich schreibe es schon wieder, ich weiß, aber das ist in der heutigen Zeit die elementare Ressource, die ein Unternehmen hat. Kreative, motivierte und dem Unternehmen verbundene Mitarbeiter. Und wer hier mit Sperren und Kontrollen ansetzt, der hat verloren. Die Zeiten der Hierarchien und der Kontrolle von oben nach unten nähern sich ihrem Ende. Wer das nicht versteht, wird es erleben müssen, in dem er immer mehr vom Strom der Information abgekoppelt wird, die einfach an ihm vorbei, um ihn herum geht.

Und was wir im Zuge des gegenseitigen Vertrauens ebenfalls neu kultivieren müssen ist die Kultur des Versagens. Dazu nur ein Beispiel aus der (Internet-)wirtschaft: Google hat den Dienst Wave gestoppt. So meldeten es diverse Magazine und Blogs . Und ich muss gestehen, auch ich konnte mit dem Konzept nicht wirklich etwas anfangen. Es war mir zu wirr, zu unsortiert und es vereinte zu viele Dienste, die einzeln einfach besser funktionieren. Aber es stellt für mich auch eine der großen Stärken von Google dar. Mut, auch mal etwas auszuprobieren, das dann nicht wirklich klappt. Das ist wahrer Innovationsgeist. Das Scheitern mit in die Planung zu nehmen und ein Scheitern auch zu erlauben. Warum jetzt alle voller Häme darüber kolportieren ist mir nicht wirklich klar.

Ich finde es lobenswert. Denn viele andere Innovationen waren ein Erfolg: Google Maps, Google Earth, Google Goggles. Wave war kein Erfolg? So what! Abhaken und weitermachen. Das ist Innovationsgeist. Aber wir suchen ja lieber den Schuldigen und wussten es schon vorher.

Danke Google, dass dort noch der Mut zum Scheitern herrscht! Nur daraus entsteht auch große Innovation! Und genau das muss auch wieder bei jedem Mitarbeiter möglich sein. Fehler machen gilt zwar allenthalben in der Managementfachliteratur als tolerabel, wenn man daraus lernt und den Fehler nicht zwei Mal macht. Aber ganz ehrlich, ich erlebe es noch immer viel zu häufig, dass einfache Angestellte sich zigfach nach allen Richtungen absichern, nur um später nicht einen Fehler vorgeworfen zu bekommen. Und ebenso gibt es immer noch jene unsäglichen Jahresgespräche in denen jedes nicht erfolgreich abgeschlossene Projekt, jede nicht erfolgreich erreichte Zielvereinbarung zu einer schlechteren Note (da fühlt man sich doch sehr als Erwachsener) führt. Wir alle machen Fehler, wer das nicht zugibt, der lügt, oder entwickelt sich nicht weiter.

Nur unsere Kultur der Kooperation und insbesondere die Kultur in vielen Unternehmen scheint das noch nicht erkannt zu haben. Es ist aber an der Zeit, wollen wir auch weiterhin zukunftsorientiert arbeiten. Nur wer auch Fehler machen darf, verändert etwas, Edison hätte nie die Glühbirne erfunden, hätte er nach den ersten Fehlern aufgehört. Innovation und Fehler gehören untrennbar zusammen. Und ja, man sollte stets auch den Fehler als Kostenfaktor einrechnen. Aber auch akzeptieren, dass er nötig ist.

IBM startet ‚Serious Social Game'. Darf denn Arbeit Spass machen? Ich sage, sie muss!

Wie Stefan Pfeiffer berichtet,[30] startet IBM ein "Serious Social Game" namens CityOne[31]. Das finde ich persönlich eine gute Idee, da ich als kreativ arbeitender und denkender Mensch ob der Macht des Spielerischen weiß.

Aber speziell wir Deutschen haben doch mit Spaß da so ein Problem. Beruf ist Beruf, Privat ist Privat. Bloß nicht vermischen, bloß nicht akzeptieren, dass ein Beruf erst dann gut läuft und man seine Arbeit erst dann wirklich gut macht, wenn man Spass dabei hat. Dieses Denken ist aber bei vielen Unternehmen noch nicht angekommen. Lieber überwacht man die Mitarbeiter, weil sie ja alle so faul so vertrauensunwürdig sind, dass man, würde man ihnen Zugriff auf solche Angebote machen, alle nur noch spielen.

Damit werden wieder mal alle über einen Kamm geschoren und letztlich muss sich jeder Manager, der so denkt, an die eigene Nase fassen. Denn wenn er die Arbeit so unerfreulich gestaltet, dass er befürchten muss, seine Mitarbeiter würden jede Chance zur Prokrastination nutzen, hat dann nicht er etwas falsch gemacht?

Wir leben immer noch in einer Welt, in der Arbeit etwas Müßiges, Anstrengendes, Ernstes ist. Warum eigentlich? Wir brauchen in Zukunft immer mehr kreative Köpfe. Und aus eigener Erfahrung, das spielerische, das freie ist kreativitätsfördernd. Überwachung und Kontrolle, enge Pläne und ernste Arbeitsumgebungen machen jede Kreativität kaputt. Wir müssen "Arbeit" neu denken. Seeeeehr neu!

---

30 http://digitalnaiv.com/pages/Uber-mich-about-me
31 http://digitalnaiv.com/cityone-spielerisch-zur-smarter-city

Der Januskopf der Arbeitswelt. Geschäftssmartphones im Urlaub und Verbot des privaten im Beruf

"Arbeitssucht: Wenn das Smartphone zur Jobfessel wird" titelt ZEIT ONLINE[32] und offenbart damit, wie janusköpfig die heutige Arbeitswelt geworden ist. Da wird gerichtlich abgesegnet, dass ein Arbeitgeber seinem Arbeitnehmer das private Telefonieren während der Arbeit verbieten darf. Aber ich habe bislang noch kein Urteil gefunden, dass dem Arbeitnehmer erlaubt, seinem Arbeitgeber zu verbieten, ihm ein Smartphone auch mit nach Hause zu geben. Insofern halte ich diese ganze Arbeit/Privat Debatte so lange für sehr verlogen, so lange nicht die Arbeitgeber auch akzeptieren, dass die Zeit des Arbeitnehmers als Lohnsklave, der nur und ausschließlich für seine Arbeit im Büro zu sein hat, endlich vorbei sein muss. "[33]Morgen komm ich später rein" ist ein bekannter Buchtitel, der in meinen Augen sehr gut zeigt, wie überkommen unsere momentanen Arbeitsmodelle sind. Ich würde sagen, ab morgen arbeite ich effektiv und spare mir die Effizienz.

Wir müssen gerade in der immer so propagierten Wissensgesellschaft von diesen dummen 9-17 Uhr Modellen wegkommen. Das Buch "Meconomy"[34] definiert für mich die Einstellung zur Arbeit, wie sie sich zukünftig darstellen wird. Auch in einer Festanstellung bin ich Unternehmer, muss ich mich und meine Talente und Fähigkeiten vermarkten. Wer sich seine Arbeit nur zuteilen lässt, wird früher oder später unglücklich, weil er nicht mehr selbstbestimmt handelt in einer Gesellschaft, die immer selbstbestimmter wird. Klar heißt das auch Verantwortung für den Arbeitnehmer. Denn wer an seinem Erfolg gemessen wird, der muss sich selbst um seine Arbeitszeiten kümmern und wird nicht mehr von Tarifverträgen an der Hand genommen. Und wer dann auch noch im Urlaub ständig beruflich erreichbar ist. Tut

---
32 http://www.zeit.de/karriere/beruf/2010-07/ankuendigung-zon-talk-arbeitssucht
33 http://www.morgenkommichspaeterrein.de/
34 http://www.meconomy.me/

mir leid, der ist selbst schuld, denn er hat sich hintangestellt und überhöht den Beruf. Wir alle haben auch noch ein Leben. Und wir sollten arbeiten, um zu leben. Nicht andersrum. Und wenn ich bereit bin, jenseits meines 9-17 Uhr Tarifjobs zu arbeiten, dann muss ich eben auch während der Arbeit kleiner private Themen erledigen dürfen, dann muss ich auch mal bereits um 14 Uhr gehen können und den Rest zu Hause erledigen können, während ich nach den Kindern schaue. Wer Beruf und Familie wirklich besser miteinander vereinen will, der kommt an diesen Denkmodellen heutzutage nicht mehr vorbei!

Das neue Arbeitszeitmodell? Urlaub ohne Ende? Im Gegenteil

Der Unispiegel titelt: Urlaub ohne Ende[35]. Das ist natürlich wie so oft in den Printmedien nur die halbe Wahrheit. Es geht vielmehr darum, dass die amerikanischen Online Firma Netix bei ihren Mitarbeitern nicht mehr festlegt, wann und wie viel Urlaub sie zu nehmen haben. Zunächst denkt hier sicher jeder (vor allem Manager) na toll, dann arbeiten die ja gar nix mehr. Das ist allerding extrem kurz und dumm gedacht. Außerdem geht es von der scheinbar immer noch weit verbreiteten Prämisse aus, dass wir alle zur Arbeit geprue... aeh getragen werden müssen.
Nun Moment, wenn ich mich an Gespräche mit Kollegen, mit Arbeitslosen, gar mit HartzIV Empfängern erinnere muss ich all diese Auguren des Untergangs leider enttäuschen. Wir alle arbeiten gerne. Der Punkt ist nur, es wird uns in den heutigen Arbeitszeitmodellen durch den Kontrollwahn und die Überwachungsmentalität der Führungsebenen vergällt. Wer von mir unternehmerisches Denken und gegenseitiges Vertrauen erwartet, der sollte sich auch an die eigene Nase fassen.

Wir sind in vielen Bereichen der Arbeitswelt längst nicht mehr in so starren Produktionsprozessen, dass man für jede Minute des Arbeitstages volle Auslastung erwarten kann. Es gibt Wartezeiten, genauso wie Hochphasen, wo ich eigentlich am liebsten die Nacht durch machen würde um mein Ergebnis endlich zu erreichen. Ich würde hier eher in die andere Richtung denken. Wir alle müssen schonender mit unseren Ressourcen umgehen, wenn wir mehr Freiheit für die Einteilung erlangen. Denn dann steigt die Gefahr, sich selbst auszubeuten. Das ist nun aber nicht, wie manche Bedenkenträger in den Gewerkschaften gleich wieder schimpfen werden, eine gewollte indirekte Steuerung durch das Management (indirekte Steuerung halte ich eh für den größten Blödsinn, denn die funktioniert nur bei jemandem, der charakterlich dazu prädestiniert ist und ist somit für große Arbeitnehmergruppen nur

---

[35] http://www.spiegel.de/unispiegel/jobundberuf/0,1518,711917,00.html

sehr bedingt anwendbar, da auch hier die Kontrolle fast unmöglich ist). Nein, das hängt vielmehr mit der Leidenschaft für meinen Job zusammen. Wenn ich zuvor nur eine Stelle zum Geld verdienen gesucht habe, werde ich auch nach der Öffnung nur das arbeiten, was zum Erhalt meines Verdienstes und meiner Stelle nötig ist. Wenn ich aber mit Leidenschaft arbeite, dann arbeite ich auch jetzt schon mehr, allerdings wird mir das in keiner Form gedankt oder vergütet.

Ich recherchiere auch nach Feierabend noch zu Programmierproblemen oder Social Media Themen oder Innovation. Tja, aber auf eigene Faust, weil ich Informatiker aus Leidenschaft bin. Würd mich aber freuen, wenn ich durch flexible Arbeitszeiten und neue Arbeitsplatzmodelle auch meine Arbeit zu Hause zu dem dazu zählen dürfte, was ich für meinen Beruf tue. Bislang tue ich das aus Spaß an der Freude. Tue ich später auch, aber eben als integraler Bestandteil meiner Arbeit. Und ich kann endlich flexibler auf gestoppte Projekte, Wartezeiten zwischen zwei Projekten oder Testphasen mit reduziertem Entwicklerbedarf reagieren, ohne dass gleich Zeitkonten jongliert, Überstunden abgebaut oder Fehlstunden nachgearbeitet werden müssen. Es ist alles eine Frage des Vertrauens; auf beiden Seiten. Aber der angeblich drohende Fachkräftemangel regt vielleicht den einen oder anderen Personaler oder Manager mal dazu an, nachzudenken, ob die aktuellen Arbeitszeitmodelle den Erfordernissen der Arbeit 2.0 noch entsprechen.

Noch mal ganz einfach, quasi als Management Summary: Zeiterfassung sagt nur, dass der Mitarbeiter anwesend ist, und sagt so gut wie nichts über die während der Anwesenheit erbrachte Leistung aus. Die lässt sich nur indirekt ermitteln über die Ergebnisse der Arbeit. Also grob gesagt: Leistung != in der Firma verbrachte Zeit sondern Leistung = erbrachte Ergebnisse im Zeitraum X wobei X in Tagen oder Wochen, nicht in Stunden gemessen werden sollte. Ist nur so eine Idee. Aber ich denke, die hat viel Potential!

Dazu noch ein paar Gedanken, die mich schon länger beschäftigen. Viele Menschen behaupten, sie würden ganz klar zwischen privat und Beruf trennen. Ich glaube dem nicht so ganz. Letztlich bin ich doch auch zwischen 9 und 17 Uhr (mal so als exemplarische Zeit am Arbeitsplatz) nicht nur Mitarbeiter, der eine bestimmte Aufgabe zu erfüllen habe.

Auch am Arbeitsplatz bin ich noch der Vater, der Ehemann, der Freund. Und parallel kann ich zumindest, wenn ich die Arbeit verlasse, nicht einfach abschalten. Ich bin Informatiker, lese auch privat etwas zur EDV, komme dabei vielleicht auf die eine oder andere Idee im Beruf. Parallel befasse ich mich als Blogger mit der Zukunft (auch der Arbeit). Und heutzutage wird allenthalben von den Mitarbeitern hohe Kreativität, hohes Engagement gefordert, gepaart mit unternehmerischem Denken.

Alles schön und gut, aber als Unternehmer kann ich nur denken, wenn ich auch die Freiheitsgrade habe, etwas zu unternehmen. Wenn ich selbstbestimmt arbeite und nicht wie ein kleiner Junge durch Zeiterfassung, Anwesenheitspflichten kontrolliert werde.

Für viele trennt sich Arbeit und Privatleben vor allem dadurch, dass sie im Beruf lediglich "Humankapital" sind und zu funktionieren haben, und das immer effizienter. Im Privatleben versuchen sie dann als Mensch das nachzuholen, was ihnen im Beruf ggf. sogar verboten ist. Ich weiß, dass ich mich in meinem Arbeitsumfeld glücklich schätzen kann über die Freiheitsgrade, die ich durch Gleitzeit, verschiedene Arbeitszeitmodelle und solche Dinge wie Heimarbeitsplätze zumindest theoretisch habe. Aber bis solche Möglichkeiten in der breiten "arbeitenden Masse" angekommen sind, wird es noch dauern. Und wir brauchen mehr, wir brauchen eine integrierte Arbeits- und Privatwelt, in der Kinder nicht mehr nur abgegeben werden müssen, und die Pflege alter Menschen auch mit einem Beruf ohne Probleme möglich ist. Erst, wenn wir alle effektiv arbeiten, haben wir die Chance, Beruf und Privates zu integrieren. Und leider muss ich, zum Abschluss noch eins anmerken. Es wird nicht leicht. Denn nicht nur so mancher Arbeitgeber oder Vorgesetzter kann mit solch veränderten Arbeitsmodellen wenig anfangen. Es werden auch die Gewerkschaften, die ewigen Bedenkenträger sein, die hier gleich wieder eine Ausbeutung des Arbeitnehmers vermuten werden.

Das mag stimmen, wenn es falsch gemacht wird. Aber es deswegen gar nicht zu tun, wäre fatal für unsere Zukunft, fatal für die immer größere Schar der Wissensarbeiter, die genau dann wirklich effektiv arbeiten und gute Ergebnisse liefern, wenn sie mehr Freiheitsgrade haben, wenn eine Kultur des Vertrauens endlich überall die Kultur der Überwachung ablöst. Es kommt nicht drauf an, wie lange ich im Büro sitze. Es kommt drauf an, ob ich meine Ziele erreiche! Wir werden es uns in Zukunft nicht mehr leisten können, versteckte Talente einfach brach liegen zu lassen. Die finden sich aber nur, wenn auch der Tellerrand als Gedankengrenze endlich fällt.

Und für alle, die jetzt wieder voller Misstrauen fragen: Na? Hast da mal wieder viel Zeit dafür investiert? Schaff was!

Dieser Text ist abends entstanden. Nicht beim, sondern anstelle des Fernsehens, des meines Erachtens nach oft größten Zeitverschwenders, den wir haben. Und dank Wordpress ist er publiziert, wenn hoffentlich der eine oder andere den Freiraum über den eigenen Tellerrand hinaus hat, tagsüber. Auch so ein „Zwei Welten" Ding ;)

Überstunden sind keine Auszeichnung, sondern da hat jemand versagt

Wer ist eigentlich auf die irrwitzige Idee verfallen, die Zahl der Überstunden, speziell in Führungspositionen mit dem Engagement und dem Erfolg eines Mitarbeiters gleichzusetzen, frage ich mich, während ich "Morgen komm ich später rein[36]" von Markus Albers lese. Auch er legt den Finger in die Wunde "Irrsinn Überstunde".
(Wobei ich im Folgenden zumeist nicht die "gelegentlichen" Überstunden meine, die meist über einen kurzen Zeitraum in der finalen Phase eines Projektes anfallen können) Was soll an Überstunden gut sein? Sie zeigen, dass in einer Krisensituation, um das bereits zu hohe Arbeitspensum noch zu schaffen, über das normal geplante Maß hinaus gearbeitet werden musste. Also hat hier irgendwer versagt. Entweder der Projektmanager, der in seiner Planung zu viel Arbeit auf zu wenig Zeit gepackt hat. Oder der Mitarbeiter, der sich selbst nicht verteidigt und all die Arbeit ohne auch nur einmal "NEIN" zu sagen, einfach akzeptiert, wohl wissend, dass das Ganze nur mit Überstunden zu schaffen ist.
Wir müssen dringend wieder vom immer mehr in immer kürzerer Zeit wegkommen. Das verbrennt Mitarbeiter, das demotiviert und macht krank. Nicht umsonst identifizieren sich immer weniger Arbeitnehmer mit ihrem Unternehmen[37] und nicht umsonst steigt die Zahl derer[38], die innerlich kündigen seit Jahren.
Wer Überstunden anhäuft, verwechselt Effizienz mit Effektivität. Er arbeitet nicht mehr, um ein Ziel zu erreichen, sondern um seinen Wert zu steigern, weil man das halt so macht. Und er verkennt, dass bei einem übersteigerten Engagement irgendwann die Freundschaften auf der Strecke bleiben, die Freizeit, das eigene Leben und final die Gesundheit. (Burn Out ist hier nur eine Ausprägung auch viele Krebserkrankungen brechen aus, begünstigt durch ein vom vielen Stress geschwächtes Immunsystem). Arbeit MUSS Spaß machen, schließlich verbringt die

---

36 http://www.morgenkommichspaeterrein.de/
37 http://money.de.msn.com/karriere/karriere.aspx?cp-documentid=149902667
38 http://www.innerekuendigung.de/

Mehrheit der arbeitenden Bevölkerung die größte Zeit ihres Lebens damit. Wenn jemand etwas anderes behauptet, dann sollte er sich fragen, ob er nicht selbst ein Problem hat, oder warum findet derjenige nichts dabei, seinen Untergebenen den größten Teil des Tages zu vergällen.

Aber jeder einzelne muss auch bereit sein, für die Freude an der Arbeit etwas zu tun. Nicht mehr nur akzeptieren, wenn von Projekten irrsinnige und unrealistische Abgabetermine gefordert werden. Sich bewusst machen, dass die Zeit, die als Vorgabe für das Ergebnis kommt, nicht von jemand definiert wird, der sich mit der Materie auskennt, sondern von jemandem, der sich mit Zahlenschubsen in Tabellen und solch abstrakten und meist unrealistischen Begriffen wie ROI und "am Ende des Tages" befasst. Wie oft hat man schon erlebt, dass man für eine Aufgabe sagen wir 30 Personentage schätzte und dann als Beauftragung dann doch wieder nur 20 zurückbekommt, in denen natürlich alles geschafft werden soll, was man in die 30 schätzte.

Entweder, man wird dann zum Lügen, also zum zu hoch schätzen gezwungen, oder man gerät unter immensen Zeitdruck, weil natürlich später niemand sich mehr an die 30 ursprünglichen PT erinnert. Hallo ihr lieben "Am Ende des Tages" Berater da draußen. Am Ende des Tages ist Nacht. Alles andere gehört in das Reich des Bullshit Bingo, genauso wie ROI und Planungssicherheit. Wer neues tut, lebt mit der Unsicherheit. Wer von einem Mitarbeiter da einen genauen Abgabetermin will, der hat einen Realitycheck (BUZZWORD) dringend nötig.

Auch ich arbeite Überstunden, aber es wird bei meinem Arbeitgeber von den Projektleitern stets auch auf den Ausgleich geachtet, darauf, dass Mitarbeiter nach harten Überstundenphasen auch wieder Freizeit haben, wieder runterfahren können. Denn Überstunden müssen manchmal sein. Aber sie sollten die Ausnahme sein. Somit erhält man sich Arbeitskraft, Leistungsfähigkeit und letztlich auch Motivation. Und manchmal hab ich auch schon eine Wochenendbereitschaft im Büro genossen, wenn man mal 5-6 Stunden am Stück ungestört von Telefon und Terminen an einem schwierigen Programmierproblem tüfteln konnte.

Die Computerwoche titelt: „Work-Life-Balance war gestern"[39]. Und ich finde, damit hat sie sehr Recht. Was ich in meinem Blog schon des Öfteren angesprochen habe, dringt wohl langsam auch ins öffentliche Bewusstsein.

Die Zeiten, in denen ich meinen 9-17 Uhr Job abarbeite um danach etwas ganz anderes zu tun, sind vorbei. Und nicht nur der CIO, jeder Mitarbeiter im Bereich Wissensarbeit muss sich damit befassen, wie er eine gesunde Integration der beiden Felder schafft.

Ebenso muss es aber auch möglich sein, auch angesichts des immer größeren Fachkräftemangels, Alleinstehenden mehr Möglichkeiten zu bieten. Insofern strahlt dieses Thema auch in den sozialen Bereich ab und manch ein Unternehmen sollte sich noch genauer ansehen, wie es z.B. eine Kinderbetreuung für Mitarbeiterkinder regeln könnte, ob Heimarbeitsplätze in größerem Maßstab denkbar sind oder ob wirklich feste Arbeitszeiten das non plus ultra sind.

Auch die Social Media Plattformen verbinden immer mehr privates mit beruflichem Wie die Computerwoche erkannt hat, wird hier der CIO als Information-Broker immer wichtiger. Oder vielmehr muss er dafür sorgen, dass eine solche Rolle im Unternehmen etabliert wird, wenn die Hoheit darüber einigermaßen erhalten bleiben soll, was über das Unternehmen intern, im Netz an faktischer oder emotional geprägter Informationen kursiert. Denn dies kann sich wirtschaftlich positiv wie negativ auf das Unternehmen auswirken. Dabei will ich nicht einer gelenkten Kommunikation das Wort reden, die schönredet, was vielleicht in Wirklichkeit schief läuft. Im Gegenteil, ein Teil einer Aufgabe als Information Broker ist es eben, den richtigen Menschen die relevanten Informationen in Time zur Verfügung zu stellen,

---

[39] http://www.computerwoche.de/management/it-strategie/2352887/index.html

damit adäquat und schnell darauf reagiert werden kann. Denn der nächste Shitstorm ist nicht weit, reagiert man als Unternehmen nicht auf das, was das Netz über einen spricht.

Das Experiment „Offline im Urlaub" ist gescheitert. Und ich bin gar nicht traurig.

Weil doch einige Online affine Menschen es versuchten, wie es sich anfühlt, bewusst im Urlaub komplett Offline zu sein, habe auch ich in einem unserer Jahresurlaube der ganzen Familie mal gänzlich versucht, auf das Online gehen zu verzichten.

Den Urlaub verbrachten wir in einem Center Parc bei Hamburg mit gelegentlichen Abstechern in die Hafenstadt selbst.

Letztlich war das Miniaturwunderland[40] der Grund für den endgültigen Stopp des Experiments. Am Dienstag wollen wir es besuchen und haben uns, um Wartezeiten zu vermeiden Karten über das Internet reserviert.

Aber auch zuvor schon nutzte ich versteckt das Netz. Aloqa gab uns gute Tipps für Aktivitäten in der näheren Umgebung. Wetter.com half uns bei der Wetterplanung. Über unsere beiden Webcams konnten die Kinder sehen, dass unsere Hasen gesund und munter sind. (Auch dank unseres sehr netten Haussitters, danke Daniela!) Das Fernsehprogramm für die Kids konnten wir dank Online TV Zeitung nachschlagen, wobei sich das wie auch zu Hause auf eine halbe Stunde abends, wenn überhaupt beschränkt. Die lieben zu Hause erhielten und erhalten konstante Fotoupdates via Facebook. Nur aus Twitter bin fast gänzlich raus, und auch in Facebook stelle ich fast ausschließlich Bilder ein, poste aber nicht. Dank Netbook habe ich auch hier die aktuelle Zeit als eBook bei mir und zudem eine Zusammenstellung meiner liebsten Printmedien via Calibre. (Kleiner Gedanke am Rande: Warum packen eigentlich alle Hersteller im Moment WLan und 3G in ihre Reader, das sie dann spezifisch mit ihrem Shop zwangsverheiraten? Glauben die, ich kaufe mir jeden Tag ein neues Buch? So lange es nicht auch eine große Auswahl an Tageszeitungen direkt von einem speziellen Shop via WLan gibt, ist das ein Add On, auf das ich gut und gerne

---

40 http://www.miniatur-wunderland.de/

verzichten kann. Zumal die Verwaltung über Calibre noch andere Vorteile wie automatische Zeitschriftengenerierung aus Webseiten hat)

Jetzt mag mancher sagen, schalt doch mal ab, aber warum sollte ich, wenn mir die Technik hier sogar den Urlaub extrem erleichtert. Ich genieße zum Beispiel die Ruhe, auch mal ein Buch (natürlich ein E-Book) zu lesen und habe bereits das 5. Buch begonnen (den 6 Teil der Trilogie von Douglas Adams " Und übrigens noch was" verfasst von Eoin Colfer). Ich bin ganz offensichtlich trotz meines Alters ein Digital Native, der nicht nur mit dem Internet und Computern aufgewachsen ist, damit sein Geld verdient, sondern jemand, der sich sein Leben dank dieser Technologien auch deutlich vereinfacht hat.

Brauchte es noch einen Beweis so ist dieses (Gott sei Dank misslungene) Experiment ebendieser. Ich bin technophil und wer mit Technik Probleme hat, der hat gute Chancen, auch mit mir Probleme zu bekommen.

Meine Zeit ist mir zu wichtig: Von Zeitdieben und dem Wert der Zeit

Peter Glaser schreibt in einem interessanten Artikel bei Carta[41] über den neuen Tatbestand des Lebenszeitdiebstahls. Grob umrissen liegt die "Straftat" darin, dass uns durch die Informationsflut und die daraus resultierenden Aufwände für die Filterung von Relevanz wertvolle Lebenszeit gestohlen wird. Nun gab es schon vor Jahren eine Bewegung, die das "Simple Living" propagierte, und in Büchern wie "Your money or your life" sehr gut darlegte, dass wir bei jedem Konsum hinterfragen müssen, wie viel der eigenen Lebenszeit dafür geopfert werden muss, weil ich für den Erwerb arbeiten muss, das Objekt gepflegt und ggf. auch aufwändig entsorgt werden muss.

Letztlich geht es um versteckte Kosten über die sich der Mensch für gewöhnlich keine Gedanken macht. Aber es ist durchaus richtig und wichtig, sich Gedanken zu machen, wie viel meiner Zeit ich dafür investiere, Informationen zu bekommen und zu filtern. Ok, man kann sich das meiste im Fernsehen schenken und spart so eine Menge an Lebenszeit für sinnvolles. Aber auch sinnvoll eingesetzte Werkzeuge können einem hier helfen. Im Netz wahllos gesurft habe ich schon seit längerem nicht mehr.

Mein Startpunkt ist meine RSS Sammlung und ein paar Tools, die sich um sie ranken. Wir sollten uns stets vor Augen halten, wofür wir unsere Zeit investieren und wofür wir sie investieren wollen. Und das gilt sowohl für den Beruf, als auch fürs Privatleben. Wer permanent Überstunden arbeitet, und den Beruf vor die eigenen Interessen stellt, darf sich nicht beschweren, wenn er nur einen sehr begrenzten Freundeskreis und vermutlich keine Partnerin/keinen Partner hat.

---

41 http://carta.info/34384/lebenszeitraub-als-tatbestand-die-zeit-gibt-dir-niemand-wieder/

Und eine Familie besitzt man nicht, in einer Familie lebt man. Mich würde interessieren, wie viele Familien deshalb zerfallen, weil letztlich einfach einer der Elternteile nicht wirklich präsent war. Es gehört auch zum Leben, bei der Einschulung der Kinder dabei zu sein, Zeit für einen Familienausflug zu haben oder einfach nur mit Sohn oder Tochter etwas zu basteln. Viele sind zu sehr mit ihrer Karriere beschäftigt, während das Leben andere Dinge vorhat.

Wir werden immer schneller. Warum eigentlich?

Es fällt zunächst bei Stuttgart 21 auf. Der Grund für den Umbau ist die Beschleunigung des Bahnverkehrs, derentwegen jetzt Gegner und Befürworter in einer eskalierenden Stimmung sich gegenüberstehen. Aber noch an anderen Stellen resultieren viele Probleme nicht aus der Langsamkeit eines Prozesses, sondern aus der immer höheren Beschleunigung. Der Burn Out ist ein Kennzeichen der Beschleunigung in der Arbeitswelt. Immer mehr, in immer kürzerer Zeit erledigen, dabei wird aber immer weniger auf Rhythmen und für den einzelnen angenehme Arbeitsgeschwindigkeit geachtet.

Mal ganz abgesehen davon, dass durch Doppelverdiener, Überstunden und immer weniger Privatleben auch die Ernährungsgewohnheiten extrem leiden. Wer wenig Zeit hat, kocht nicht mehr selbst sondern nutzt Convenience oder Fast Food und selbst Familien mit Kindern schaffen es oft nicht mehr auch nur eine warme Mahlzeit auf den Tisch zu bringen, die selbst gekocht ist. Nicht, weil sie es nicht wollen, sondern

weil viele durch den Job so eingebunden sind, dass dafür einfach keine Zeit bleibt (zumal auch die klassische Mittagspause schon lange nicht mehr existiert.)

Gymnasiasten müssen statt in 9 jetzt in 8 Jahren für den Arbeitsmarkt t... aeh will sagen, gebildet werden (Bildung braucht Zeit, Ausbildung weniger, denn da fällt das Erlernen des kritischen Denkens weg).

Ärzte müssen immer mehr Patienten abwickeln, damit es sich für sie rechnet. Die Produktzyklen neuer Geräte werden immer kürzer und wer mithalten will, muss diese Zyklen mitmachen. Wir sind gewohnt, sofort zu kommunizieren, die nicht beantwortete SMS oder E-Mail ist schon nach Stunden völlig veraltet. Ich bin kein Technophobiker. Aber selbst ich als Gadgetfreak, Informatiker und Social Media Verfechter überlege im Moment, ob das Ganze nicht zu schnell wird. Ein wenig mehr

Langsamkeit, Zeit zum Überlegen, Zeit zum Ausklinken aus dem Geschwindigkeitswahnsinn ist sicher nicht falsch. Wir müssen auch unsere Lebenszeit und unser Leben noch selbstbestimmt leben können und je schneller wir hier werden, umso fremdbestimmter läuft das ganze ab. Ich muss nicht meine E-Mails im Halbstundenrythmus abfragen und auch Twitter und Facebook entschleunige ich, in dem ich nur zu bestimmten Zeiten und in der Freizeit auch mal gar nicht reinschaue.

Wir klagen über Stress, über zu wenig Lebenszeit, zu wenig eigene Zeit für sich. Aber wir tun selbst oft genug dafür, uns des jetzigen Momentes zu berauben.

Wir sollten aufhören, für die zukünftige "Entschädigung" zu arbeiten oder wie es Randy Komisar so treffend ausdrückt:

"Bei der aufgeschobenen Lebensplanung wird es immer die nächste Belohnung geben, hinter der man her ist, die nächste Ablenkung, den neuen Hunger, der zu stillen ist. Sie werden immer zu kurz kommen."

Oder sehr viel kürzer aber ebenso wahr: Carpe Diem. Und hier glaube ich fest daran, dass ein neues Denken von Arbeit, das eher ergebnisorientiert ist, für viele der Ausweg sein kann, die sich heute noch wie in einer Tretmühle fühlen, die immer schneller dreht. Etwas, das ich mir vom "Markt" wünschen würde wäre, dass neben der immer schnelleren Lieferung, Fertigstellung und der Bedingung, noch mehr zu optimieren auch Entschleunigung als Qualitätsmerkmal wiedergewinnen würde.

Es gibt Reparaturen, da wünsche ich mir eine hohe Sorgfalt bei der Bearbeitung, da muss es nicht schnell gehen, sondern richtig, sorgfältig, und qualitativ hochwertig. Ein Auto bringe ich in die Werkstatt, weil ich es möglichst so gewartet haben will, dass alles gemacht, alle Fehler gefunden alles sauber und gut durchgeführt wird. Das beißt sich manchmal aber damit, dass alle heute nur auf das Geld schauen, dass alles schnell gehen muss, und dann eben nicht wirklich so sorgfältig wie gewünscht. Auch in der Projektarbeit werden oft Zeitrahmen gesteckt, die eher auf Kostensparen durch möglichst schnelle Erledigung zielen, als auf Sorgfalt in der Ausführung.

Es wäre manchmal sinnvoll, die notwendigen Nachbearbeitungen mit einzuberechnen, wenn man ein Angebot schreibt, das zeitlich sehr eng gestrickt ist. Ich bin mir sicher, viele Großprojekte der öffentlichen Hand wären dann auch in ihren Kostenschätzungen besser, wenn man ehrlich ein gewisses Maß an Verzögerung, an Sorgfalt in die Planung mit einbeziehen würde. Wenn ich einen Handwerker habe, der mir die Fliesen an die Wand knallt oder die Küche so schnell wie möglich installiert, dann ist das Risiko hoch, dass dabei etwas falsch läuft, vergessen wird oder einfach so gemacht wird, wie immer, anstelle sich auf eine neue Gegebenheit einzulassen.

Wir sollten wieder entschleunigen. In allen Bereichen. Im Moment geht oft Quantität vor Qualität. Schade eigentlich. Oder, was ich immer gerne anbringe:

Effizienz vor Effektivität ;)

Daheim an jedem Ort der Welt. Die Chancen von Location Based Services

Eine Technologie, die in meinem Umfeld von vielen noch mit einem Lächeln bedacht wird sind die Location Based Services also ortsbezogene Dienste.
Die Technik ist denkbar einfach und in immer mehr Smartphones und mobilen Endgeräten verfügbar. Es bedarf lediglich eines GPS Empfängers und eines Zugangs zum Internet, idealerweise über eine Flatrate.

Beides verbreitet sich im Moment auch dank neuer Devices wie Smartphones und Navigationsgeräten mit sogenannten "Live" Diensten, also Serviceleistungen, die direkt aus dem Internet geladen werden immer weiter.
Als einfachste Beispiele seien hier nur positionsabhängige Verkehrsdaten genannt, die in das Navigationsgerät des Nutzers eingeblendet werden. Das ist mittlerweile sehr dynamisch und aktuell möglich. Denn jedes Gerät, das einen Zugang zum Netz besitzt und den mobilen Dienst nutzt, meldet entweder über die Veränderung der Netzzelle des Mobilfunkgeräts (TomTom) oder über die Veränderung der Position des Navis (Navigon) an zentrale Server Mobilitätsdaten aus denen zeitnah viel genauere Verkehrsprognosen errechnet werden können, als bislang möglich.
Aber denken wir weiter. Dienstleistungen, die ich unterwegs benötige, sind ortsbasiert abrufbar, z.B. das nächste Restaurant, Hotel, die nächste Werkstatt. Verbinden wir dies noch mit Bewertungsportalen wie doyoo, guenstiger.de, yelp oder ähnlichen und wir haben ein lokales Empfehlungssystem, das ähnlich funktioniert wie der Tipp des guten Freundes vor Ort. Was bedeutet das aber? Unternehmen müssen sich viel mehr mit dem Image und den Bewertungen in solchen Portalen auseinandersetzen, denn es kann schnell passieren, dass durch ein negatives Ranking die Kunden, geleitet von solchen mobilen Diensten den nächsten Konkurrenten aufsuchen.

Ins Extrem gedacht warte ich nur auf die erste Anwendung, die anhand der aktuellen Position, der Preise umliegender Geschäfte und der Kosten für die Fahrtstrecke (Benzin, Fahrzeugkosten) den günstigsten Händler auswählt, der nicht mehr zwangsweise im selben Ort liegen muss! Wir sehen, der Kunde, speziell der gut informierte oder ausgerüstete Kunde erhält plötzlich viel mehr Wahlmöglichkeiten. Aber auch für die Unternehmen selbst sind solche Dienste interessant. Zum einen kann der Außendienst damit oft effektiver operieren, hat er doch neben den Kundendaten auch die optimale Route zum Kunden, günstige Übernachtungsmöglichkeiten und lokale Nachrichten stets dabei.

Denkbar ist zudem ortsbezogene Werbung. Diese darf aber nicht als Selbstzweck daherkommen. Sie muss verknüpft sein mit einem Mehrwert. Klassisch geht das über die Dienstleistung, die entweder kostenpflichtig ohne Werbung oder kostenfrei mit dezenter Werbung daher kommt. Selbst Kulturinstitutionen können sich Location Based Services zu Diensten machen. Das Museum, das auch im Smartphone oder Navi auftaucht, wird sicher in Zukunft mehr Besucher anziehen, als das nicht aufgeführte.

Und unsere sozialen Netzwerke können wir in Zukunft mittels Location Based Services viel dynamischer verknüpfen, Treffen werden informeller möglich.

Habe ich in Zukunft Gesprächsbedarf z.B. zu einem beruflichen Problem oder suche ad hoc ein Team für eine bestimmte Aufgabe, ist durchaus denkbar über Dienste wie Foursquare die Menschen im Freundeskreis zu finden, die für die aktuelle Aufgabe greifbar sind, und ggf. gleich ein Treffen zu vereinbaren. Und es gibt sicher noch Anwendungsfelder, die noch nicht mal angedacht sind. So kann ich mir einen Dienst vorstellen, der Menschen auffindet, die gerade im befreundeten Umfeld sind und dieselben sportlichen Interessen haben, um z.B. einen Partner für eine bestimmte Sportart zu finden (quasi die Foursquare Tennis App). Ebenfalls gerade im Entstehen ist ein Dienst namens piggyback, der abhängig vom aktuellen Ort Mitfahrer findet und somit die Effizienz des privaten Transports steigern könnte. Ich muss nur prüfen, wer in meiner Umgebung gerade Mitfahrbedarf in eine bestimmte Lokation hat und kann spontane Fahrgemeinschaften bilden.

Auch Coworking beginnt sich bereits mit mobilen Diensten zu verknüpfen, so dass ich als mobiler Mitarbeiter nicht mehr zwangsweise in die Zentrale kommen muss, sondern mir, z.B. bei Staus auf der Autobahn zum Arbeitsplatz eine vernetzte Arbeitsmöglichkeit in der Umgebung suchen kann und von dort remote arbeiten. Natürlich geht dies einher mit einem "Cultural Change", denn dann muss es dem Mitarbeiter auch möglich sein, HomeOffice oder CoWorking in Anspruch zu nehmen. Dies wird aber in unserer sich stark in Richtung Wissensarbeit verändernden Arbeitswelt in Zukunft ein immer geringeres Problem werden.

So wie heute Soziale Netzwerke uns virtuell über Orts- und Zeitgrenzen hinweg vernetzt halten, werden es Location Based Services in der Zukunft auch im realen Leben tun. Ein ganz neues Konzept sind die sogenannten StickyBits, QR-Codes, die man mit eigenen Informationen befüllt an reale Objekte haften kann. Ausgelesen offenbaren sie dann ihre geheime Botschaft.

Der nächste und nur konsequente Schritt wird dann von den Location Based Services zur "Augmented Reality" gehen.

"Home is where my hat is", dieser Satz wird bald eine viel tiefere Bedeutung erhalten.

Update: Noch ein interessanter Artikel, der in eine ähnliche Kerbe schlägt kommt, man lese und staune vom Buchmesseblog unter dem Titel: Vernetzte Welten[42]

---

42 http://www.buchmesse.de/blog/de/2010/10/22/vernetzte-welten/

Epilog

Einige der Artikel mögen durch aktuelle Ereignisse überholt sein und auch die Geschehnisse rund um PRISM und die Spionageskandale dürften die eine oder andere Aussage heute in einem anderen Licht da stehen lassen. Aber ich bleibe bei den Grundgedanken, die für mich vor allem eines bedeuten. Die Digitalisierung ist nicht mehr aufzuhalten und nur, wenn wir aktiv daran teilhaben, wenn wir uns einbringen und versuchen, selbst zu bestimmen, wohin die digitale Reise geht, nur dann werden wir auch die Kontrolle behalten können. Und es ist, wie mit jeder Technologie. Es kommt darauf an, wie wir als Menschen sie anwenden. Technik in sich ist nicht gut oder böse, erst durch die Nutzung durch den Menschen definiert sich gut oder böse.

Ein altes chinesisches Sprichwort sagt: Es gibt Menschen, die Fische fangen und solche, die nur das Wasser trüben. Viel Kritik lebt davon, das Wasser zu trüben. Hinterfragt man aber genauer, stellt man fest, dass oft keine Kritik, sondern Angst und Unverständnis überwiegen. Auch dafür habe ich dieses Buch geschrieben. Um ein wenig mehr Verständnis dafür zu erzielen, was denn nun wirklich an all diesem Digitalen so begeisternd sein soll. Wir dürfen nicht Kultur und Technologie miteinander verwechseln. Die kulturelle Leistung ist die geschaffene Geschichte durch einen Autor, das Kunstwerk durch einen Maler oder das Musikstück eines Musikers. Das Medium, mit dem dies erstellt wurde ist Teil der Kunst, bedingt aber nicht, dass es sich um Kunst handelt.
Ob ich nun ein E-Book lese oder wie Sie, meine geneigten Leser wohl in diesem Moment ein Buch, das auf Papier gedruckt ist. Am Inhalt ändert das nichts, ebenso wenig an der Botschaft.

Und noch eins zum Schluss. Manche meiner Ansichten mögen extrem gewirkt haben, manche im eigenen Umfeld nicht realisierbar. Aber in vielen Gesprächen und

Diskussionen, bei Beratungen und Workshops habe ich eins gelernt. Nur wenn man den Tellerrand weit genug verlässt, kommt man auch zu neuen Ideen und lernt andere Blickwinkel kennen. In diesem Sinne hoffe ich, Ihnen ein paar Einblicke in meine Gedankenwelt und die vieler Digital Natives gegeben zu haben und möchte nochmals daran erinnern. Die Zukunft kommt, ob wir sie nun wollen oder nicht. Die Frage ist, ob wir sie mitgestalten wollen. Ob wir mitbestimmen möchten, welche Technologien und wie wir sie anwenden. Und spätestens wenn es um die Zukunft unserer Kinder geht, sollte unsere Antwort unbedingt „ja" lauten.

i want morebooks!

Buy your books fast and straightforward online - at one of world's fastest growing online book stores! Environmentally sound due to Print-on-Demand technologies.

Buy your books online at
www.get-morebooks.com

Kaufen Sie Ihre Bücher schnell und unkompliziert online – auf einer der am schnellsten wachsenden Buchhandelsplattformen weltweit! Dank Print-On-Demand umwelt- und ressourcenschonend produziert.

Bücher schneller online kaufen
www.morebooks.de

 VDM Verlagsservicegesellschaft mbH
Heinrich-Böcking-Str. 6-8
D - 66121 Saarbrücken

Telefon: +49 681 3720 174
Telefax: +49 681 3720 1749

info@vdm-vsg.de
www.vdm-vsg.de

Printed by Books on Demand GmbH, Norderstedt / Germany